地域共生社会に向けた
15 の視点

認知症にやさしい健康まちづくりガイドブック

今中 雄一 編著

著者
武地一
山田裕子
中部貴央
愼重虎
原広司
西下陽子
山田文
佐々木一郎
國澤進
後藤悦
佐々木典子
村上玄樹
林田賢史
中村桂子
谷口守
広井良典

JN085984

学芸出版社

はじめに ── なぜ「地域共生社会」が必要か

・・

「認知症の人と家族にやさしい社会」

「経済競争力のある社会」

「人々が健康で幸福な、持続可能な社会」

　これらを同時に実現しようとする試みについて、読者の皆さんはどう考えるでしょうか。

　世界においては今や、これらの社会づくりは同時に実現するもの、いや同時でないと実現できないものとして捉えられており、北欧のフィンランドやデンマークといった国々がその先頭を走っています。

　本書は、日本でこれらを同時に実現するための社会像を示そうとするものです。

　認知症予防と、健康余命延伸とのそれぞれの要因をみると、ほとんど同じであり、社会の多側面が関わっています。認知症へのやさしさも、その一環です。認知症にやさしい社会は、弱い立場の人を含む全ての人にやさしい社会であり、そのためには、全世代の多様な人々に敬意が払われるやさしい社会ということになります。すなわち、認知症にやさしいまちづくり、全世代の多様な人々にやさしいまちづくり、そして、人々の健康・ウェルビーイングを実現する健康まちづくりは、実質上、同じ意味とみなされます。

　認知症にやさしいまち、そして、人々の健康・ウェルビーイングの実現には、社会参加、生活支援、意思決定支援、コミュニケーション、教育、医療・介護・年金など社会保障、データ活用、交通や建造環境・生活環境など、

互いに連関する社会の多側面の活性化が重要となります。そしてこれらこそが、人々の潜在力を解き放ち、経済活動を活性化する基盤となります。

　本書は、以上の観点から、従来の枠組みを超えて、多領域から各分野を切り拓かんとする研究者・実践家が集まり学際融合的議論をもって協働し、「これから目指すべき社会のあり方」を、「認知症にやさしい健康まちづくり」として示すものです。

〜地域共生社会と制度・政策〜

　地域共生社会は、これからの社会づくりの鍵です。皆が役割を持って支えあい誰もが安心して暮らせる地域共生社会では、誰もが力を発揮し、革新も進み、社会経済活動が活性化されます。国策として位置づけられています。

　閣議決定された「ニッポン一億総活躍プラン」（2016 年 6 月 2 日）では、「地域共生社会の実現」が目指されました。具体的には、"子供・高齢者・障害者など全ての人々が地域、暮らし、生きがいを共に創り、高め合うことができる「地域共生社会」を実現する。このため、支え手側と受け手側に分かれるのではなく、地域のあらゆる住民が役割を持ち、支え合いながら、自分らしく活躍できる地域コミュニティを育成し、福祉などの地域の公的サービスと協働して助け合いながら暮らすことのできる仕組みを構築する。"とされています。

　厚生労働省「我が事・丸ごと」地域共生社会実現本部決定（2017 年 2 月 7 日）では、「地域共生社会」とは、"制度・分野ごとの『縦割り』や「支え手」「受け手」という関係を超えて、地域住民や地域の多様な主体が『我が事』として参画し、人と人、人と資源が世代や分野を超えて『丸ごと』つながることで、住民一人ひとりの暮らしと生きがい、地域をともに創っていく社会"と示されています。そして、平成から令和の時代へと介護保険法、社会福祉法等が改正されていき、地域共生社会の実現に向けて制度的な基盤づくりが進んでいます。

（編著者　今中雄一）

目　次

Section 3 まちづくりへのアプローチ
：誰も取り残さない社会へ

Section 1

当事者と支える人、
それぞれへのアプローチ
：人づくり・場づくり・機会づくり

Chapter 1

当事者の不安を和らげる
——認知症カフェの実践

キーポイント

- 超高齢社会の日本にあって、長年の歴史的な経緯と施策の積み重ねによって、認知症の当事者や地域住民の社会参加として、認知症カフェや本人ミーティング等、様々な取組が行われている。

- 認知症はとても身近な疾患である。しかし、一方で、かなり複雑な疾患であり、長期間にわたって症状も変化していく。症状などには多様なパラメーターがあり、理解するのは難しい。そのため、医療や介護・福祉の専門職の関わりや、地道な啓発や教育・研修が必要である。

- 今後、認知症の受けとめや理解に関する住民調査や新たに認知症と診断された際の介護負担感などの調査が行われ、データベース化され、その後の事業に活かされることが望ましい。

認知症になっても心豊かに過ごせる社会へ

▍当事者参加が社会を変える

　日本社会が超高齢社会となる中、加齢を最大のリスクとする認知症の人の数は増加し、2025年には高齢者の5人に1人が認知症ということが推測されている。認知症という病気では、一人で社会生活を遂行することが難しくなり他者への依存や社会からの疎外を生む。さらには周囲の家族や近隣住民も認知症の人をうまく理解することが難しく認知症の人の社会参加を支援することは容易ではない。社会全般の認知症への偏見も認知症の人だけでなく、その家族の社会参加も妨げる。

　その社会状況を踏まえ、認知症施策が推進され、認知症の人本人がメッセージを発信することや、単に支えられる側であるだけでなく、活動する側になることも推奨している。活動を促進するための拠点として認知症カフェを始めとし、いくつもの施策が進められている。

▍認知症という疾患と政策的な施策推進が求められる理由

　認知症は初期の気づきの頃から軽度、中等度、高度の状態に至るまで10〜20年と極めて長い経過をたどり、その間に、認知機能障害の程度や行動・心理症状などの症状にも変化が生じる。認知症を患うと、徐々に自立性が低下するため、本人にとっても、家族等周囲の人にとっても、認知症とともに生活を行う長い道のりとなる。医療機関を受診したり、介護保険サービスを使うなど、医療・介護の専門職とも様々な形で関係を築くことになる。認知症と向き合うことは本人や家族にとっても、専門職にとっても容易なことではない。高齢者の虐待事例の多くに認知症が絡むことからも、その難しさは想像される。

　このような認知症を取り巻く状況がある中、一方で、入院・入所あるいは医療・介護だけに依存するのではなく、地域での暮らしを大切にし、医療介護の地域資源を有効に活用するためにも、地域包括ケアの考え方が重視されるようになってきた。2005年の介護保険法改正で「地域包括ケアシステム」という言葉が初めて使われ、地域包括支援センターが設置された。地域包括ケアでは、概ね30分以内にアクセスできることをめどに、中学校区の圏域で支援体制を構築することが目指されている。

　しかし、認知症のケアは地域包括ケアの理念の中にうまく包摂されるのだろうかという疑問があった。その疑問の理由と認知症カフェの活動の意味を理解するため、認知症カフェの源流を知ることが大事である。

▎認知症カフェの源流を知る

　今となっては、1972年に発刊された有吉佐和子の『恍惚の人』を知っている人は少ないかもしれない。日本社会が1970年、世界保健機関（WHO）の定義による「高齢化社会」（人口の7%が65歳以上）を迎えた直後に「認知症」と向き合う大変さを世に知らしめベストセラーとなった小説である。のちに映画化もされ、話題を呼んだ。日本社会が認知症に向き合うすべを何ももっていないことが示されていた。

　その後、1980年に「認知症の人と家族の会」が設立され、家族同士が介護の苦労や工夫を話し合い、認知症介護のための社会的な基盤が必要であることを政策にも訴える活動が展開された。そこで月1回開催される「つどい」は、日本における認知症カフェの源流と言える。

　2000年に介護保険制度が施行される頃になると、認知症の本人が秘めている様々な力があることを示す活動も登場した。エスポアール出雲クリニックの看護師・石橋典子氏らの活動や、滋賀県守山市の藤本クリニックで始まった「もの忘れカフェ」の活動などである。同時期に行われていた、認知症の人の生きる力を支える宅老所やグループホームの活動も、認知症カフェ

に通じるところがある。グループホームも普及とともに姿を変えてきた面があるが、当初は、認知症とともに生きることを地域で支えていくための拠点として期待を集めていた。

　これらが日本における素地としてあったが、2012 年 6 月、厚生労働省から「今後の認知症施策の方向性について」と題するオレンジプランのもととなる文書が示された。この中に、「認知症カフェ」が日本で公式文書に初めて記載されたが、それに遡ること数か月、京都の認知症ケアの現場で働く医療・介護等の専門職や「認知症の人と家族の会」が結集して「認知症の人とともに生きる地域包括ケア」を目指すための声明文ともいえる指針が「京都文書」として示された。[1]

　その文書およびそれに伴って行われたデルファイ法による調査結果には、介護保険が始まって 10 年あまり、筆者自身も物忘れ外来を始めて 10 年あまりが経過していたが、それまでの認知症ケアの活動の延長線上には「認知症の人とともに生きる 2025 年の地域包括ケア」はないことが暗に示されていた。これらの結果により、京都文書の声明に加わっていた人々にとって、これまでの活動の延長線上には未来がないと気づかされたことは大きな衝撃であった。

　その事実に背を押されて始まったのが京都での認知症カフェであり、筆者自身のカフェも含め、いくつものカフェが登場した。活動開始当初は、上述した日本でのカフェの源流となる様々な活動を織り交ぜる形でのカフェが形成されていったが、国際的な潮流も探索する中で、1997 年にオランダのベレ・ミーセンらが創始したアルツハイマーカフェや、イギリスで行われていたメモリーカフェの方法論が参考になった。[2]

　アルツハイマーカフェは認知症の人とその家族の心理的治療やカウンセリングやケアを主眼としつつ、くつろいだ空間を重視し、実施にあたってはそれを実現するための時間的内容的構造を持っている。一方で、メモリーカフェも同様の趣旨をもっているが、比較的自由な運営を行っている。矢吹

◆ 認知症の人と家族の会のつどいなど介護者のピアサポート

◆ 藤本クリニックのもの忘れカフェなどでの認知症当事者視点
　の重視

◆ 宅老所やグループホームなど、認知症の人が地域で暮らす
　ことをあたりまえにする活動

◆ オランダで開始されたアルツハイマーカフェ

◆ パーソンセンタードケアの理念の普及

◆ 認知症への疾病観を変えることを唱えた京都文書の提示

図 I　日本における認知症カフェの源流（筆者作成）

は、ベレ・ミーセンと共著でアルツハイマーカフェについて詳しく紹介している[3]。

　これらのほかに、認知症ケアの基本としてのパーソン・センタード・ケアの理解なども重要である。このような様々な源流が日本の認知症カフェにあることを知っておくことが、地域共生社会を創り出していくために役立つ（図 I）。

▎認知症カフェの動向

　認知症カフェの目的としては、①認知症を持っても自分らしく生きること、②認知症の人の家族が気軽に同じ立場の人や専門職と話し合えること、③地域の住民たちが認知症を身近に知り、偏見をなくすことなどがあげられる。認知症カフェは厚生労働省から 2012 年に示されたオレンジプランに盛り込まれ、日本の認知症国家戦略と位置づけられる 2015 年の新オレンジプランにも明記された。全国の市区町村に設置する目標が掲げられ、その結

果、最近では全国で8千か所以上、人口2万人に1か所以上の認知症カフェ
が設置されている。

　認知症カフェの運営状況について詳しく見てみると、2016年度に老健事
業で行われた全国調査などで多くのカフェは月1回、1回あたり2時間程度
の開催であることが示されている。新オレンジプランで認知症地域支援推進
員の関与が推奨されたこともあり、各自治体の認知症地域支援推進員がコー
ディネーターに入っているカフェも多数あるが、その他の医療・介護の専門
職や市民ボランティアが開設しているカフェもある。具体的な活動内容もカ
フェのくつろいだ雰囲気の中で心理的支援や教育的支援を行うよう意図され
たものから、リクリエーション的な活動を中心としたものまで多岐にわたっ
ている。

　この調査をもとに筆者らが分析を行った結果、認知症カフェに集う来店
者への効果をもたらす要因は、来店者の属性によって異なることが示され
た(図2)。来店者は主として、認知症の本人、認知症の人の家族、認知症の

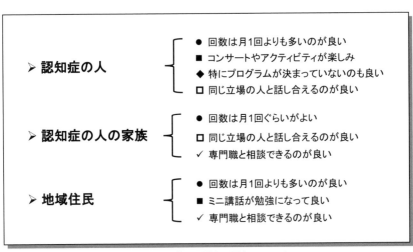

図2　認知症カフェに来る人それぞれへの効果に関する要素（筆者作成）

本人でも家族でもない地域住民という3つの属性があるが、分析結果によると、認知症の本人は、カフェの内容として、音楽コンサートやアクティビティがあることや同じ立場の人と話し合えることがカフェの効果につながっていると考えられた。一方で、認知症の人の家族にとっては、同じ立場の家族と話し合えることや、専門職と相談できることが効果につながっていると考えられた。さらに、地域住民にとっては、医療や介護に関するミニ講話があって学びになることや、専門職と相談できることが効果につながると考えられた。

▎ オランダのアルツハイマーカフェと日本の認知症カフェ

このように認知症カフェという1つの場で、異なる属性の人々が効果を感じるためには、いずれの属性の来店者のニーズも満たすような構成にすることが重要と考えられた。このことから考えると、オランダで1997年に開始されたアルツハイマーカフェ形式は、2時間を30分程度に区切り、その中でカフェタイム、ミニ講話、音楽、対話という4つの内容で構成されており、理にかなった構成であったとも言えるであろう。

日本での認知症カフェは、明確な施設基準や全国的な統一的な管理が行われていないため自由度が高く、それぞれの自治体やカフェ運営者が、地域の課題や運営者の問題意識から、運営が行われる傾向があることも全国調査からは読み取れた。つまり、住民啓発を主眼に置くカフェや、家族支援を重視するカフェ、そして、本人の活動を重視するカフェなどである。

▎ 認知症カフェと関連する施策の展開

認知症カフェの活動とも関連して、認知症の人がパートナーらの支援も受けて、自ら社会に認知症のことを啓発したり、本人同士がエンパワメントする活動も展開されている。また、認知症カフェなどと連携し、市民が認知症の人を支援する活動も広がりつつあるので紹介しておく。

● 認知症希望大使

　認知症施策推進大綱に基づき、厚生労働省では、認知症の人本人からの発信の機会が増えるよう、認知症本人の方々を認知症に関する普及啓発を行う「希望大使」として任命。各自治体でも希望大使を任命し、メッセージ発信の機会を設けている。

● オレンジドア

　認知症の診断を受けて、これから先、どうなるのだろうと不安で仕方がない時期に一歩先に診断を受け、その不安を乗り越えてきた認知症当事者の方々と出会い、前向きになるきっかけをつかむ場所。

● 本人ミーティング

　認知症の本人が集い、本人同士が主になって、自らの体験や希望、必要としていることを語り 合い、自分たちのこれからのよりよい暮らし、暮らしやすい地域のあり方を一緒に話し合う場。

● チームオレンジ

　認知症サポーターが正しい理解を得たことを契機に自主的に行ってきた活動をさらに一歩前進させ、地域で暮らす認知症の人や家族の困りごとの支援ニーズと認知症サポーターを結びつけるための取組。

認知症カフェの課題とその解決に向けて

　本章の最初に記載したように、認知症という疾患は複雑な疾患という側面を持つため、本人の社会参加や市民の活動を中心とする施策において、医療との関わりや認知症に関する教育・研修が課題となる。

▌認知症カフェと医療との関わり

　人口2万あたり1か所存在するというくらいに普及してきた認知症カフェであるが、認知症カフェを地域につくったのはいいが、認知症の人やその家族が足を運んでくれないという課題、そして、それと表裏一体とも言えるが、かかりつけ医や認知症専門医が認知症の診断を行ったとき、地域資源として認知症カフェは紹介するのに適した場所なのかわからないという課題がある。つまり、認知症と診断を受ける人は日々多くいるのに、気軽な話し合いや相談などを行う場である認知症カフェの存在が知られていないということは、認知症カフェと認知症医療のあいだに情報交流が不足しているということであり、両者の認知症カフェと認知症の人とのミスマッチとも言える。

　その課題を解決するための一つの調査として、認知症カフェと医療関係者に関する基礎調査を行った。その研究からは、認知症カフェの開催案内をチラシの形で医療機関や薬局に置いているカフェの方が、認知症の人やその家族の来店者が多いこと、チラシを置くこととも関係するが、認知症の人やその家族を紹介してくれる医師などが多いほど、認知症の人やその家族の来店者が多いことがわかってきた。[5]

　認知症カフェには、スタッフとして医療関係の職種が関わっていることも多いが、調査を行った148か所のカフェのうち、3分の2で医療関係者がカフェ運営に関わっており、職種としては看護師が最も多かった。認知症カフェという医療と地域ケアをつなぐ拠点で看護師の参加が多いのは、うなずける結果であろう。

　看護師を中心として、病気としての側面を知りつつ、認知症ケアや地域ケアとの親和性を持つ医療関係者の存在は、認知症の人とその家族を医療機関から認知症カフェへ、そして認知症カフェから医療機関へと結びつける役割とともに、地域の民生委員や介護職と医療機関の医師、薬剤師などを結びつける役割も果たすことも期待されている。

　もう少し具体的に書くと、認知症というのは脳の病気であり、その疾患の

種類や重症度により様々な認知機能障害や精神症状、日常生活動作の低下を伴うため、その支援のためにはそれぞれの見極めや支援方法を知っていることが望まれる。

　一方で、診断・治療という通常の医療の役割だけではなく、生活者・人間としての認知症の人の生き方や生活、周囲の人々とのつながりを大切にするマインドを持っていて、関わる人同士を結びつけたり、それぞれが役割を見出せるよう支援したりすることが望まれる。

▌スタッフ研修の必要性

　認知症カフェをめぐってのもう一つの課題として、スタッフ研修がある。認知症ケアについては目に見える手技などはないため、誰がどのようなスキルをもっているか、見極めることが難しい。そもそも、認知症カフェの運営に参加するに当たって予備知識をもっていくことが必要かどうかでさえ、認識されていない場合も多い。

　認知症ケアの基本を示したトム・キットウッドは、認知症ケアは「単なるやさしさや良心でできるものではない」と記している。認知機能障害をもった人、その人々と関わりのある家族などの心理的な負担や悩み、地域住民の理解度に合わせた助言などを行っていくためには、研修が重要である。専門職と市民ボランティアなどが共通言語をもって認知症カフェの運営に携わるためにも、研修の中で共通言語を習得していく必要がある。認知症カフェ運営に携わるすべての人が同じような能力をもつ必要はなく、それぞれの背景でスキルの違いがあってもよいが、スタッフ同士がコミュニケーションを行っていくためには、共通言語が必要である。

　そのために「認知症カフェスタッフ自己評価票」(**図3**)を作成し、検証も行ってきた。日本の認知症カフェには標準的な初期研修が設定されていないが、この自己評価票とそのマニュアルを読み合わせることなどを通じて初期研修を行っていただくことも一つの研修方法ではないかと考えている。ま

認知症カフェスタッフ自己評価票　日付＿＿＿＿＿＿＿＿　氏名＿＿＿＿＿＿＿	
以下の1〜20の項目について、自己評価点の欄に、0. まったくしていない・できない、1. あまりしていない・できない、2. ある程度している・できる、3. おおよそ、している・できるという基準で0〜3を記入して下さい。項目の記載内容について、ほとんど知識がないか、わからない場合も0と記入して下さい。	自己評価点
◆ 認知症の人とのかかわり	
1　「介護してあげる」という一方的な気持ちではなく、友人として一緒に楽しもうとしていますか？	
2　遠隔記憶（昔のことなど）と近時記憶（最近のことや10分前のこと）の違いを理解して、本人と会話をすることができますか？	
3　疾患の種類や重症度を意識して、本人へのかかわりや会話、助言、同行ができますか？	
4　病識の有無や程度を理解して、本人へのかかわりや会話などができますか？	
5　本人の得意なことや興味があることを引き出すことができますか？	
6　本人の不安感を意識し、安心を与えるような会話やかかわりができますか？	
◆ 認知症の人の家族とのかかわり	
7　認知症の人を見守る家族の気持ちを理解し、家族が話したいと思えるような傾聴ができますか？	
8　家族の認知症状への理解が不十分な場合、病気の特徴や接し方をアドバイスできますか？	
9　家族が困っていることに対し、助言ができますか？	
10　介護保険サービス利用や地域資源などに関して適切なアドバイスができますか？	
11　認知症の人だけではなく、家族の健康や生活について配慮できていますか？	

図3　認知症カフェスタッフ自己評価票の一部を示す。詳細は本文[6]

た、初期研修前、初期研修後、スタッフとして参加して6か月・1年後などに評価することで、個々のスタッフがもつスキルの手掛かりにすることができると同時に、1つのカフェのスタッフが複数いる場合は、その平均値を出してみることで、そのカフェ全体のスキルを知ることや役割分担の材料にすることもできる。ぜひ活用いただければと考えている。

　このような研修は、認知症カフェだけではなく、関連施策として行われているオレンジドア、本人ミーティング、チームオレンジの実施においても求められると考えている。[6]

認知症を理解するため一歩ずつ積み重ねを

・・

　地域ごとの特性による工夫やコロナ禍などでのオンラインを用いた認知症カフェの開催などについては、筆者も関わった老人保健健康増進等事業の資料をインターネットでダウンロードするなどして参照いただければと思う。[7,8]また、認知症の人や家族の思いなどを認知症カフェなどで役立てるガイドブックに仕上げた冊子も老人保健健康増進等事業で作成しインターネットからダウンロードできるようになっている。[9]併せてご参照いただければと思う。

　本論で紹介した活動の意義を明らかにし、これらの活動が実際に地域全体での認知症の理解が広がっているかということを把握するためには、認知症の受けとめや理解に関する住民調査や新たに認知症と診断された際の介護負担感などが調査されることが望まれる。そして、そのデータベースを可視化し、認知症にやさしい健康なまちを創るために、これらの取組の状況や実施上の課題などを把握することが大切である。そのようなことを通じて、1人でも多くの人が地域共生社会を築く活動に気軽に参加してみようと思われることを願っている。

（武地　一）

◆参考文献
1.『認知症を生きる人たちからみた地域包括ケア』クリエイツかもがわ、2012
2.『ようこそ、認知症カフェへ』ミネルヴァ書房、2017
3.『認知症カフェ企画・運営マニュアル』中央法規出版、2018
4.「認知症カフェの実態に関する調査研究事業報告書」2017年3月
5.『認知症 plus 地域共生社会』日本看護協会出版、2022年3月
6. 認知症カフェスタッフ自己評価票（DCSA）、https://orangecommons.jimdofree.com
7.「よく分かる！地域が広がる認知症カフェ（事例集）」、https://www.mhlw.go.jp/stf/seisakunitsuite/bunya/0000167800.html
8.「外出自粛時の認知症カフェ継続に向けた手引き」、https://www.mhlw.go.jp/stf/seisakunitsuite/bunya/0000167800.html
9. 認知症の人と家族の思いをより深く知りたいあなたへ、https://www.alzheimer.or.jp/?p=37271

Chapter 2

家族の負担に向き合う
――認知症の人と家族の葛藤を予防するために

....

キーポイント

- 認知症の人とその家族は、認知症についての偏見に満ちた古びたイメージを、新しいイメージに入れ替えることを支援される。診断後、自分の仕事や趣味を続けるような体制を作っていくことが勧められる。閉じこもることなく、自分の経験や考えを色々な集会やカフェに出席して語ることもできるし、SNSや書物で発表もできる。

- 認知症の人と家族の思いを理解して「ともに前を向いて歩むパートナーになること」を目指す医師や介護関係者、市民も増えてきた。認知症の人の尊厳と新しい可能性を実現する体制づくりも推進されている。

- 認知症ケアはこの20年めざましい進歩を遂げてきたことを知って、認知症に向き合うことが大切である。新しく診断された人は、大学生や新入社員がオリエンテーションを受けるように、診断後すぐに、「認知症に向き合うオリエンテーション」を受けて、認知症についての新しい知識と、認知症の人と家族を支援する色々な施策やサポートについて知ろう。これまでの研究や実践の成果は、認知症の人の生活がもっと開かれた大きな可能性を持つことを示している。

認知症の人と家族が歩んできた道

....

▌ 認知症の人と家族への支援政策の進展

　2012 年に認知症の将来推計が明らかにされて以来、2012 年にオレンジプラン、2015 年に新オレンジプラン、2019 年に認知症施策推進大綱（国家プラン。以下、認知症大綱）と、認知症に関する大きな政策プランが次々と出てきた。認知症大綱では、「共生」と「予防」を両輪として、認知症の発症を遅らせ、認知症になっても希望をもって日常生活を過ごせる社会を目指すとし、認知症に対して、より前向きで、肯定的な生き方を支援する政策を多方面にわたって掲げている。

　認知症の人への支援が何もなかった暗黒の時代が長く続いたが、その反省の上に立ち、政策も変わってきた。認知症の人や家族の声を採り入れるようになった。社会が認知症の人を受け入れ、活躍や自己表現の可能な場を設けるようにと変わりつつある。本人と家族も、認知症についてこれまでのイメージや、見聞きしたことに囚われずに、新しい知識に学んで、生活を再建する姿勢を持つことが望まれる。

▌ 認知症の人への偏見や固定観念をただしてきた先駆者たちに学ぶ

　これまで、本人や家族は認知症についての世間一般および医学教育の偏見や誤解、ステレオタイプによる行動の制限や生きづらさに悩んできた。

　しかし、1980 年代以降、認知症の多彩な症状に目を眩まされず、症状の陰に 1 人の人が生きていることを見逃さなかった医師の室伏君士[1]、看護師の石橋典子[2]、ソーシャルワーカーのナオミ・フェイル、また市井の主婦であった敷島妙子[3]ら多くの人が、認知症の人たちの行動に理由があることを理解し、ケア方法を編み出し、環境を改善し、症状を軽減してきた歴史がある。

図1　月刊誌『ぽ〜れぽ〜れ　No.501　2022年4月号』
（出典：公益社団法人認知症の人と家族の会）

　認知症の人や家族も、偏見に抗い実情を明かし、異議申し立てを行った。1980年頃には、認知症の人の家族が集まって団体を作り、ニューズレターを発行し介護について知恵を出し合ってきた歴史がある（高見国生[4]、家族の会）。認知症の人と誰よりも長い時間を過ごし、苦楽をともにしてきた家族が世間に認知症の人へのまっとうな見方と尊厳を求め続けてきた。そのようにして、認知症についての知識が積み重ねられ、偏見が塗り替えられ、認知症のイメージと政策が変わって来たのである。**図1**は公益社団法人認知症の人と家族の会の月刊発行誌『ぽ〜れぽ〜れ』である。

認知症の人の新しい生き方を求めて

▌ 若年性アルツハイマー型認知症と診断された丹野智文氏の場合

39歳で若年性アルツハイマー型認知症と診断された丹野智文氏は、認知症になると「何もわからなくなる」や「何もできなくなる」との世間の見方は自分自身の経験とは違うと感じ、全国の300人もの認知症の人と会い、認知症の当事者の想いと経験を本に著した。[5]

この本の中で丹野氏は、当事者抜きで政策が決められてしまうことが認知症の人のストレスを招いていることを明らかにした。さらに、改めてほしいと認知症の人が考えている家族の言動についても当事者たちからたくさん聴き取ってきている。認知症と診断された人が、自分で聴き取り、データを集め、理路整然と自分の考えを明らかにしたことに社会の人々は衝撃を受け、認知症に対する考えを改めるきっかけとなった。

▌ 診断後の活動の継続、新たな社会参加、交流

● 認知症の人の活動継続のニーズ

認知症の人は、認知症の診断が下りると、それまで続けていた仕事や趣味・ボランティアなどの活動や役割を停止してしまうことが多い。それは、認知症になると「何もできなくなる」など、丹野氏が直面した間違った偏見が社会に浸透しているからだろう。認知症は長期にわたる疾病であり、最近では30代後半から40代など、若くして認知症と診断される場合もあり、また60代から90代まで、多様な年代の認知症の人にも働きたいというニーズがある。認知症の人への働く機会の提供に、企業や職場の考え方の刷新も求められる。

● 認知症の人の活動継続の可能性

認知症の人は、それまで長年にわたり、技能や趣味、人間関係、そして

知識を培ってきたはずである。認知症になって、記憶に問題が出たからと言って、それらが雲散霧消するわけではなく、その人の生活の中に、根付き、記憶の底に保たれているものも多い。そのような、「昔取った杵柄」を生活の中で継続することが大切である。物事が以前ほど素早くできなくても、時間を余分にとり、本人が焦りで不安にならないように注意すればできることも多い。活動停止して、閉じこもることの弊害は次の節で明らかにする。

● 認知症の人の活動継続への家族の協力

　家族も、「認知症だから、何もできない」という古くからある偏見に従って、仕事や趣味、外出に制限をかけるのではなく、本人の不安や希望を聞きながら、どんな条件のもとならできるのかを詳細に観察して判断することが望ましい。もちろん、その判断は容易ではない。経験のある人に相談するのもよい。

● 活動継続に関する家族会や先輩の助言

　認知症の人やその家族が、活動継続に関して相談を持ちかけることができる場所や機関は多くはない。しかし全国規模で展開している「認知症の人と家族の会」で開催される「つどい」などで、実際に認知症の介護をしている家族会員から、これまで収集した知恵を借りることができる。認知機能や、生活機能の能力も、変遷してゆくこともあり、戸惑いも経験するだろうが、一時的なこともあれば、継続的なこともある。同じく認知症を経験した家族会員から、その気持ちや対処方法を学ぶことで、心にゆとりが生まれる。

認知症の人と家族の孤立・介護を巡る葛藤

　家族は認知症の人の介護や保護の責任で、非常にストレスを感じる。アメリカでは、介護負担度を測定する尺度を作成した家族介護者研究者 Zarit が著

作のタイトルに掲げている、（家族は）「アルツハイマー病の隠れた犠牲者」という言葉が有名だ。介護者は、認知症の人のできないことを発見すると、とっさに驚きを表現したり、心配のあまり前もって仔細に注意してしまい、認知症の人の自尊心と心情を傷つけることもよく語られる。介護者は、認知症の人ができていたことができなくなると、これまで自分がよく知っていた人がいなくなったように感じ、「あいまいな喪失」と呼ばれるつらい喪失感に襲われる。

　図2の「ことばと心理の悪循環」に示すのは、認知症の人と家族や周囲の人との間で繰り広げられるやり取りで、互いが傷つけあう厳しい関係になっていくプロセスである。失認、失行、失語などの認知症の症状により、繰り返しの質問をするときなど、家族や周囲の人がその質問に驚いたり、不可解に思う反応が起こる。認知症の人は自分が尋ねたことを忘れて繰り返し尋ねてしまうが、初めて尋ねているつもりなのに、「何回言ったらわかる？」と

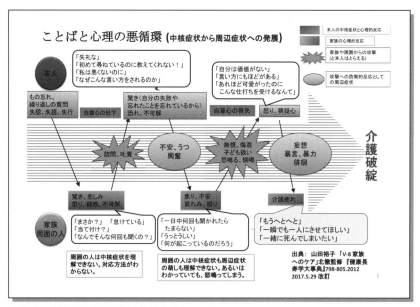

図2　ことばと心理の悪循環のプロセスを示した図
（出典：山田裕子「家族へのケア」 北徹監修、横出正之・荒井秀典編 『健康長寿学大事典 QOLから EBMまで』西村書店、798-805、2012）

詰問される、と驚く。自分が「以前と変わらず」行動している「つもり」に
もかかわらず、自分の行動一つ一つに「上から目線で」指示され、次第に自
尊心をなくす。自尊心は人間にとって非常に大切なもので、生きてゆく上で
の原動力である。

　しかし**図2**に示すように、一番身近にいる家族や介護者から、詰問、叱責、
あるいは、無視、侮蔑、子ども扱いを受け、怒鳴られ、恫喝されるなら、認
知症の人の自尊心は低下し、「不安」、「うつ」、あるいは「興奮」などの精神
症状が起こり、さらには「妄想」や「暴言」「暴力」、「徘徊」につながるこ
ともある。これらの症状は、認知症の行動心理症状（BPSD）と呼ばれ、本
人が苦しむだけでなく、周りも苦しみ、互いが傷つけ合う厳しい悪循環とな
り、非常に危険な状態につながる。

認知症の人と家族をとりまく環境と認知症カフェの可能性

▍認知症の人とその家族が直面している社会のバリア

　認知症の人と家族介護者は、認知症という病気で傷つく人とその人を介護
することで傷つく人として、ことばと心理を介して悪循環に陥りやすいが、
それぞれがサポートとケアを得ることはできるのだろうか。現状はどのよう
に難しいのだろうか。

① 　家族が受けることのできる、支援が限られている。介護保険制度の問題
　が大きい。現在の介護保険制度は、身体介護を中心としたデータを採用し
　て介護度を決めたため、認知症の人の要介護認定は低く抑えられる傾向が
　あり、また同居の家族がいると家事援助などは提供されないなど、現代の認

知症の人と家族の状況とニーズに相応していない。そのため、家族に負担が強くなり、家族への負担は認知症の人に跳ね返り、認知症の人の QOL を低下させる恐れが大きく、認知症の人との関係そのものの悪化につながる。

② 認知症のケアについて、家族の役割やできることについての認識のされ方がまだ十分ではない。家族が、認知症の人の性格やこれまでの人生における経験などを尊重して前向きに生活環境を整えることができれば、認知症の人の心身の不調を未然に防ぎ、BPSD を発症させずに済む。BPSD への処方薬を最小限にできれば認知症の人の暮らしを質の高いものにするだけではなく、医療財政的にも貢献することができる。家族のケアにおける貢献が可能となるように、家族に情報、情緒、そして経済的サポートを提供するべきではないだろうか。

③ 家族が多様化しており、一人暮らしの認知症の人も多くなっているが、その人たちにも、離れて住む家族や親族、友人知己もあり、それぞれ、時別な重要性をもっていることも考慮して、時にはその人たちを巻き込むような支援も必要である。

④ 介護と医療の連携が十分でなく、「早期診断、早期絶望」がまだ解消し切れていないことも問題である。認知症としての診断後に、医療機関では投薬の処方のみのところがまだまだ多く、本人と家族が受ける支援体制がほとんどない。認知症疾患医療センターなど、専門医療機関への照会や送致が行われていないことも散見される。地域のかかりつけ医の役割と、認知症疾患医療センターの役割を鮮明にして、互いに本領を発揮できることが望ましい。

▎認知症カフェの機能

こうした様々なバリアを克服するアプローチの１つとして盛んになってきたのが認知症カフェの活動であり、その「カフェ」としての機能が着実に真価を見せている。具体的には、例えば以下のような機能が見てとれる。

——認知症診断後のオリエンテーション

　「認知症に向き合うオリエンテーション」は社会の中の根強い偏見に負けずに力強く生きて行くために診断後すぐに必要なセッションである。認知症の医療機関、特に認知症疾患医療センターなどが、独自にカフェを開催するところもある。初期の認知症の人を週に1回のカフェにピアカウンセラーとして雇用し、認知症診断を受けたばかりの人とその家族の不安な気持ちを聴き取り、かつて認知症になった時の自分の経験した不安を語り、相談に乗って効果を挙げている。[8]

　認知症の「先輩」は、診断を受けた直後の人と家族にとって不安な夜の航海を案内してくれる水先案内人のような存在である。認知症の人としての生活をどのように進めて行くか、すでに経験した先輩から話が聞けるなら「早期診断、早期絶望」にならずに済む。カフェで同じような体験をしている仲間と会うことができて、誰に相談すればいいかわからない困りごとを相談でき、自分も経験を語ることができる。接し方を間違い傷つけ合うことが少なくて済み、本人と家族の葛藤も起こらずに済む。

——本人と家族の関係が悪循環している人たちのもつれた糸を解きほぐす

　認知症カフェでは、すでに起きてしまっている認知症の人の介護を巡る家族との葛藤を調整し、解決する機能がある。互いの言葉が相手の心を傷つけてしまい、相手の反撃で自分も傷つく、と言う悪循環が起こって悲しむ認知症の人と家族は多い。しかしカフェの中で、例えば、生け花や綾取り、歌うことなど自分の得意なことをして、ボランティアや仲間と楽しい時間を過ごすと、認知症の人はつらかった会話を忘れてしまい笑顔になる。家族はその間に同じ家族やボランティアを相手に、介護の愚痴をこぼすことができる。先輩の家族からは「間違いをその都度指摘しない方がいい」「せかしてはいけないよ」「失敗しても怒らない方がいい」などの助言を貰い、自分の声掛けがトラブルを起こしていることに気づき、改める。カフェで息抜きができて、楽しい

時間を過ごした後は、互いに相手の良さを再認識し、感謝の念が起こる経験をする人もたくさんいる。認知症の仲間や、市民ボランティアのさりげない気配りや助言で、尖っていた気持ちやことばが穏やかになり、笑顔が生まれると、相手もその笑顔につられる好循環が起こる。そんな場所がカフェである。

認知症カフェの利用により 本人と家族の相互理解が進展した M.S さんの事例

ここで紹介するのは、認知症の人と介護者の間の葛藤にもっともうまく働きかけることができた O カフェのいくつかの事例の一つである。認知症の診断を受けるまで、重い病気や、失業、生活不如意の経験もなく、順調で円満な関係を築いてきた人とその家族が、認知症と診断されて出会った様々な困難に、それぞれ精一杯の対応を試みたが、2 人の間がうまく行かなくなったのである。

M.S さんは 70 歳を少し超えて、認知症と診断され、不安とうつ症状に見舞われ、もの忘れ外来の医師に紹介されてカフェにやってきた。カフェでは、一人でカウンターに座り、カウンター内でコーヒーを供する市民ボランティに語り掛け、涙ぐむ。主に夫への不満を話す。それが半年ぐらい続いた。

かつて大企業で働く電話交換手だったが、同僚だった夫とスキーサークルで出会い、結婚、退職し、子育てに専念した。子どもが育ち上る頃から、ホームヘルパーとして働き始め、約 20 年間、高齢者のお世話をしてきた。認知症の方の家事援助も経験した。いわゆる「口八丁手八丁」で、明るく活発に何でもこなす人だった。夫の退職後は、夫を自分が長く付き合ってきたテニス仲間に紹介し、自らテニスを教え、退職後の適応を助けた。ところが認知症の診断後、夫はすぐに家事や調理を自分でし始めた。M.S さんは、「夫は家事も調理もできる人。私が何かすると、『それは違う』と否定して、

私もできるのに何もさせてくれない。家では叱られてばかり」と夫への不満を語り続ける。「夫は私の全てを奪った」と険しい表情でつぶやき、「人を殺すに刃物は要らない」と、自分が夫の言葉で傷ついていることを表現した。

　カフェでは、認知症の人やその介護者たちと明るく会話も交わして、冗談を言い合う仲間になった。3か月目ぐらいから、父に可愛がられ楽しい少女時代を送り、父母を尊敬していたことなど、夫への不満よりも生育環境や自分の思い出をたくさん話し、「カフェで話せることが嬉しい」と満足そうにカフェを去るようになった。参加している人たちと一緒に、近くの寺社に散策に行く時に、同行したスタッフに「歩くのはいいですね。歩くと気分が晴れます。一つのことを突き詰めて考えてしまうけれど、最近そうしてはいけないと思ったのです。自分が変わらなければ、と思って変わろうとしたら、周りも変わってくるみたいです。主人にも最近は話します。」と、自分の傾向や夫との関係の改善を語った。

　カフェでは夫が、同じく妻の介護をしている他の夫介護者と話せる場を設け、どのように平静を保ち、介護を続けているのか、互いにアプローチを語り合うことができた。夫は、週に4日ほど妻と2人で1年中テニスを続け、12月頃からは順に長野県、宮城県、北海道と3月ごろまで仲間とスキーツアーに行く手配をするなど、多忙な役割を担った。次第に以前よりカフェに長く滞在するようになり、「この病気は本人も家族も笑顔でいることが一番だと最近気が付いた」と口にした。また夫は得意とする蕎麦打ちをカフェで披露して、皆に振舞い、本人は夫が注目を浴びるのに嫉妬も滲

写真1　ゲレンデでのM.Sさん（右）と夫

ませながら、喜びも見せた。

　2年が経つ頃には、M.Sさんは、減退していた食欲も戻ってきて、「自分と夫の戦いだったのが、今は自分との戦いだと思うようになった。夫を変えることはできないから」と話した。当初の不安は改善し、カフェのお茶運びも進んで手伝い、新しいカフェの来店者に話しかけ、仲間の進行ぶりを気遣うなど、カフェの古参で大切なメンバーの役割を果たしている。

　M.Sさんは認知症診断の10年後も、それまで続けていたテニスとスキーを夫とともに続けている**（写真Ⅰ）**。

──認知症カフェの効用

　認知症カフェでは色々な人と会話を交わすことができる。認知症に罹り、家族との葛藤に悩む人、認知症の家族の介護で色々なことを経験してきている介護者、人生経験が豊かな市民ボランティア、本人の話をしっかりと受け止めて社会の資源とつなぐこともできる認知症ケアの専門職等が一同に集う。認知症の人と家族の悩みがすべて解決できる、と言うものではなくても、他の人に話を打ち明けるだけで、悩みのプレッシャーが和らぐ。認知症の人も、家族も、仲間の助言や励ましを得て、次第に自信を回復し、本来持っている解決能力を取り戻すようになるのではないだろうか。

（山田　裕子）

◆参考文献
1. 室伏君士『痴呆老人の理解とケア』金剛出版、1985
2. 石橋典子『「仕舞」としての呆け』中央法規、2007
3. 敷島妙子『おじいちゃんが笑った』現代出版、1983
4. 高見国生『ああ　認知症家族』岩波書店、2011
5. 丹野智文『認知症の私から見える社会』講談社、2021
6. ポーリン・ボス『あいまいな喪失とトラウマからの回復　家族とコミュニティのレジリエンス』誠信書房、2015
7. 山田裕子「家族へのケア」　北徹監修、横出正之・荒井秀典編　『健康長寿学大事典 QOL から EBM まで』西村書店、pp.798-805、2012
8. 大塚智丈『認知症の人の心を知り、「語り出し」を支える』中央法規、2021

Chapter 3

コミュニティの中で支え合う
──認知症サポーターの可能性

キーポイント

- 高齢者は定年に囚われずに働く機会が得られ、社会的つながりをもって、生きがいを得ることで楽しく健康に生きる。

- まちの防災委員や地域の介護施設でのサポートなどのボランティアの機会が、身近に多くあり、コミュニティ内でのつながりをもつ。

- 認知症の人とその家族を理解し、支える「サポーター」である認知症サポーターがさらに増え、まち全体が認知症サポーターになり、支援の輪が広がる。

- 認知症の人、高齢者、こども含めて、住民全体の"主体性"が引き出された、まちづくりに能動的に参加するしくみが必要である。

まちにおける市民参加・認知症サポーターのいま

・・・

▌ 高齢者の雇用・ボランティア機会のニーズ

　少子高齢社会の進展に伴い、国立社会保障・人口問題研究所による日本の将来推計人口（平成 29 年推計）では、2065 年に総人口が 8,808 万人となり、そのうち 65 歳以上人口の割合は全人口の 38.4％となると推計されている。そのため、生産年齢人口割合も約 50％台まで低下することが予想され、豊富な経験や知識を有する高齢者が、定年に囚われずに、働く機会が提供される社会の実現による労働人口の確保が望まれている。こうした背景のもと、2021 年 4 月に改正高年齢者雇用安定法が施行され、70 歳までの就業確保措置を講じることが企業の努力義務となったほか、シルバー人材センターの活用による地域における多様なニーズに応じた就業の機会の確保、ハローワークでの再就職支援など、高齢者への雇用対策が多く講じられてきている[1]。

　また、認知機能低下へのリスク要因の一つとして社会的接触・つながりの減少が挙げられている[2]。高齢者が就労を希望する場合、自己価値、アクティブな感覚、健康と社会的つながりの維持が期待され、生きがいにもつながり、健康寿命の延伸、認知機能低下を防ぐ可能性を秘める。この観点から、自発的なボランティアの機会が多く用意され、ボランティアを希望する人がアクセスしやすい環境が整っていることも求められる。ボランティアは、まちの防災委員や地域の介護施設でのサポート（配膳やレクリエーションの支援）などが例として挙げられる。このようなボランティアへの参加の機会が多いまちでは、地域とつながる社会参加の割合が高くなるだけでなく、お互いが支え合うまちが可能となりうる。

認知症サポーターのいま

　2019 年 6 月 18 日に認知症施策推進関係閣僚会議によってとりまとめられた「認知症施策推進大綱」では、「普及啓発・本人発信支援」が大きな一つの柱となっている。とくに、認知症は誰もがなりうるという観点から、認知症の人やその家族が地域のよい環境で自分らしく暮らし続けるために、認知症への社会の理解を深めることが必要である。その点において、2005 年に開始された、認知症サポーター等養成事業の拡大によるサポーターの増加、ならびにサポーターによる日常的な活動の活発化が望まれている。

　2005 年から開始された認知症サポーター養成事業によって、認知症サポーター数は、1,300 万人に達しており（2022 年 6 月現在）、COVID-19 の感染拡大に伴い、講座の開催が制限されたが、サポーター数は増加傾向にある。認知症サポーター養成事業であるサポーターキャラバンの活動は、都道府県・市町村等自治体の住民向けの講座や小中学校など学校での講座のほか、全国規模の企業での社員向け研修も行われている。[3]

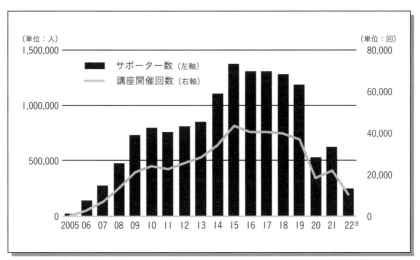

図 1　認知症サポーター数・講座開催回数の経年変化（出典：全国キャラバン・メイト連絡協議会「サポーターキャラバン活動状況」（令和 4 年 6 月）より筆者作成／注：2022 年は 9 月までのデータ）

認知症サポーターに期待される役割

①　認知症に対して正しく理解し、偏見をもたない。

②　認知症の人や家族に対して温かい目で見守る。

③　近隣の認知症の人や家族に対して、自分なりにできる簡単なことから実践する。

④　地域でできることを探し、相互扶助・協力・連携、ネットワークをつくる。

⑤　まちづくりを担う地域のリーダーとして活躍する。

表 I　認知症サポーターに記載される役割
（出典：厚生労働省　認知症サポーター、https://www.mhlw.go.jp/stf/seisakunitsuite/bunya/0000089508.html）

　認知症サポーターは、認知症について正しく理解し、偏見を持たず、認知症の人や家族を温かい目で見守る「応援者」である。特別なことをするのではなく、生活の中で見守る、困っている人を見つけたら助ける、といったことも活動の一つである。もちろん、生活に密着した多業種の人々が見守りや傾聴、オレンジカフェを企画・参加するなど、地域の特性やニーズに応じた活動を行っている。認知症サポーターに期待される役割は、**表 I** に示す5つの観点である[4]。

　2019年度からは、近隣の認知症サポーターがチームを組み、認知症の人や家族に対する生活面の早期からの支援等を行う取組であり、認知症の人自身もメンバーとして参加する「チームオレンジ」が創設された。認知症サポーターが新たに力をふるう場として期待されている[3]。

┃ まちづくりの中で支え合う

　地域内の『互助』では、個々人が自主的に支え合うことが期待される。支え合いは、単に個人の社会参加活動に限らない。オープンイノベーション

3.0 で着目されるように、1 対 1 だけでなく、地域の垣根、業界の垣根を超えた一体となった「人と人」、「人と企業・法人」間の連携が必要とされている。オープンイノベーションでは、単にモノやサービスがつくられ提供されるだけでなく、技術的なプラットフォームからユーザーと新たなビジネスが構築されるビジネスイノベーションの水平分業が必要とされている。新規の技術開発とビジネスモデル開発に組み合わせ、まったく新しい事業を展開が求められている。つまり、オープンイノベーションが進んだまちづくりでは市民の"主体性"を引き出し、まちづくりに積極的に市民が参加できるしくみが必要である。主体性を引き出されるうる市民は、こどもから大人、高齢者はもちろん、認知症の人などすべての市民が対象となる。

支え合うまちづくりに向けた課題

本章で取り上げる、①高齢者の雇用・ボランティアの機会の創出、②認知症サポーターの活躍、③オープンイノベーションを含めた主体的な楽しむまちづくりの観点から、支え合うまちづくりに向けた課題は、下記が挙げられる。

● 定年退職後の働く機会の確保が必要であるが、高齢者にふさわしい、活躍できる魅力的な場所や仕事の開拓が十分でない。特に労働人口の多い都市圏では、高齢者雇用に関する企業の意向が前向きでない。
● 認知症サポーターの数は増えているが、その活動の場が幅広く認知されておらず、とくに若年層 20 代〜 40 代のサポーター数が少ない。
● チームオレンジの活動地域は一部にとどまっており、また認知症サポーターの活動の効果検証も限定的である。

● 認知症の人が働く機会は多くの地域で実践されていない。
● まちづくりに積極的に市民が参加できる仕組みは少なく、大都市圏ほど市民参加を行う体験に乏しい。

支え合うまちの実現に向けて求められるアクション

▌ 高齢者の雇用・ボランティアの機会の創出

──定年退職という概念を超え、認知症の人も含め、働ける人が働きたい場所で働いていけるまち

　改正高年齢者雇用安定法により、雇用確保について企業の努力義務が明文化され、退職後にも、働く機会が様々に用意されることが望まれる。この働く機会・形態は、定年後の再雇用や勤務延長、無期雇用への転換も含め、雇用契約のあり方が多種検討されうる。また、働き方について、フルタイム・パートタイムに限らない柔軟な働き方が用意される必要があるだろう。高齢者雇用に応じて、新卒者や中途者の採用が抑制されない、組織が硬直しない仕組みがつくられていることが望まれる。

　ただし、64歳以上の雇用における健康への影響に関するシステマティックレビューでは、雇用における高齢者へのメリットは、男性やパートタイムの仕事、低報酬でない仕事を行う場合に限定され、経済的理由で働かなくてはいけない高齢者とパートタイムによって労働時間を希望に応じて減らせる場合とで健康格差が拡大する可能性が指摘されており[6]、労働安全の確保が保たれる必要がある。

　認知機能の低下に限らず、聴覚障害など高齢者が障害を持つ場合には、障

> ● デイサービス事業所で、業務用野菜の皮むきや洗車作業などの
> 　有償ボランティアの実施（町田市・デイサービス　DAYS BLG!）
> ● 追分梅林プロジェクトへの参加（植樹作業）（奈良市追分地区）
> ● 介護施設内での雇用の機会の創出（群馬・大誠会）

表2　認知症の人が働く事例
（出典：一般社団法人人とまちづくり研究所他『認知症の人が「はたらく」のススメ～認知症とともに生きる人の社会参画
と活躍～』2018、https://www.mhlw.go.jp/content/12300000/000334587.pdf）

害者のニーズを満たすように働く場が調整される必要があり、働く立場に応
じたトレーニングの機会が用意されることが必要である。

　高齢の起業家や自営業の機会に対する支援があることが望まれる。例え
ば、農産物や工芸品を販売する市場、中小企業のトレーニング、高齢労働者
のためのマイクロファイナンスなどが挙げられる。とくに小規模事業および
在宅ビジネスの場合に、サポートする機会を用意し、必要な情報は、高齢者
を含め誰もが得やすい形で提供する。

　認知症の人自身も働くことができる機会があることが望まれる。近年、認
知症の人が働く取組が複数取り上げられており（**表2**）、有償ボランティアや
内職仕事を行う労働のほか、認知症当事者としての講演や、経験を活かす作
業など、働き方は多岐にわたる[7]。

──まちの中で、自発的なボランティアの機会が多く用意され、ボランティアを希望する人がアクセスしやすい環境

　各ボランティア組織をとりまとめる組織が十分に発達し、寄付金や補助金
に限らず、自主的なマネタイズによって、各組織が持続可能な運用が実施さ
れていることが望まれる。ボランティア組織は、無償・有償を問わず、まち
の中で多く展開され、ボランティア組織に関する情報は、公共施設のほか、

スーパーやコンビニエンスストアといった生活の場に密着した場所で、わかりやすく簡単に入手できることが望ましい。

——認知症の人、家族、高齢者をサポートする担い手にとって、出産・子育てがしやすい働き方

　少子高齢化のほか、晩婚化・晩産化に伴い、子育てと介護を同時に行わなければならないダブルケアラーが増加しており、そのうち約8割が30～40代の働く世代であり、約6割が女性である。[8] 認知症の人とその家族、高齢者をサポート・介護する担い手である若い世代にとって、働きたい場所で働き、介護や子育てなど柔軟に対応できるまち全体のサポートが充実していることが望まれる。サポートの例としては、保育施設の量的拡充、育児・介護費用負担の軽減など行政のサポートが挙げられる。

▌認知症サポーターを中心とした認知症の人と家族への日常的サポート

　前述の通り、認知症サポーターは、認知症について正しく理解し、偏見をもたず、認知症の人や家族を温かく見守る「応援者（サポーター）」として、自身のできる範囲で活動し、身近でさりげなく認知症の人を見守り、困っている人へ手助けを行う。日本国内の認知症サポーター数はのべ1,300万人を超えるが、認知症サポーターの活動による効果は複数検証されており **（表3）**、さらなる増加が望まれている。

　例えば、Yoneyamaら（2019）は、認知症サポーターを含めて家族や近所の人からのサポートが乏しい人は、認知機能の低下や気分障害との関連を指摘しており、日頃からの周囲の声掛けやつながりが認知症の人とその家族にとって重要である。[9]

——認知症サポーターの継続的な創出

　認知症の人と認知症サポーターが同程度の数以上になることが望まれる。

文献名	研究の概要
Yoneyama et al. Psychiatry Clin Neurosci. 2019;73（12）:763-765.	認知症サポーターの活動等による豊かな社会ネットワークを持つ人と比較して、近しい人のサポートがない人は認知機能の低下や気分障害との関連が指摘された。
Aihara et al. Dementia. 2021;20（5）:1723-1728.	認知症サポーターの養成講座によって、認知症に対する理解の向上や、サポーターとしての活動に対する自己効力感の向上との関連することが示された。一方で、受講後半年以内に活動開始したサポーターは約半数にとどまっており、認知症についてさらに学ぶための継続的な機会の必要性が指摘された。
Matsuda Y et al. PLoS One. 2018;13（7）:e0200586.	看護師と看護学生を対象とした認知症サポーター養成プログラムの教育効果を検証した結果、プログラム受講によって、認知症の人をケアするための知識、理解、および自信を得ることができ、教育効果が大きいことが示された。
Arakawa et al. PLoS One. 2020;15（12）:e0244337.	体験学習プログラムによる介入によって、認知症サポーターのモチベーションの向上および活動率の向上がみられた。
Murashima et al. Stud Health Technol Inform. 2018;250:45-49.	小学生を対象として認知症の人への実践的な対応の指導を目的として、コミュニケーションロボットを用いた教材の開発と評価を行った結果、学習意欲の向上と、効果的な学習の進行の可能性が示された。

表3　認知症サポーターの活動・効果に関する先行研究の例

自治体内の全小中高校での認知症サポーター講座を開講するほか、自治体に所在する企業や公共機関で従事する方を対象に認知症サポーターを養成する。その結果、まち全体で認知症サポーターとなることが望まれる。

　認知症サポーターの養成講座は、認知症に対する理解の向上や、サポーターとしての活動に対する自己効力感の向上と関連する。認知症サポーターが増えることで、認知症への理解をもった人がまちに増え、「認知症にやさしいまち」となる。

——認知症サポーターの活躍の場

　認知症サポーターは、自身のできる範囲で活動し、身近でさりげなく認知

症の人を見守り、困っている人へ手助けを行う。認知症サポーターとして、サポーターになったあとに認知症の人と関わった経験の有無で支援方法の工夫が難しく感じられることがあり（Matsuda ら（2018））、経験の有無によって教育的効果も変化する[10]。

　見守りやオレンジカフェへの参加などはサポーターの自由な意思に基づく参加となるが、サポーター同士が気軽に集まることができるイベントや、サポーターの活動による事故防止や徘徊による行方不明の防止など事例を共有することで、なかなか活動に踏み切れないと感じるサポーターの後押しができる。

──認知症サポーターの支援の輪

　ステップアップ・フォローアップ講座が定期的に提供され、実践的な教育（体験学習プログラムやロボットを活用した実践対応）が提供されることが望ましい。ステップアップ・フォローアップ講座の受講を参加要件としたチームオレンジが展開され、地域で暮らす認知症の人や家族の困りごとの支援ニーズと認知症サポーターがマッチングされる。認知症サポーターによるボランティア活動が有機的に連携することで、認知症の人とその家族をより支え合うことができる。

──住民が"主体的"に参加したくなる仕掛けづくり

　住民が抱える課題を気軽に投げかけることの場が、オンライン・オフライン問わず用意されていることが望ましい。地域内の住民が集まるお祭りやイベントを活用した場はもちろん、喫煙所などで吸い殻を投票する仕掛け（東京都渋谷区）など、参加してみたくなる、楽しさや興味をひく仕掛けを恒常的に用意するのも良いだろう。

──市民のニーズに応じた産官学民協働のオープンイノベーションの実践

　住民が抱える課題が見える化され、地域内で課題に対応できる場所や

人材、資金、アイディアなどを集めて解決するプラットフォーム（例：LOCAL GOOD YOKOHAMA）を構築する。作り手から使い手まで、誰が参加してもよい、より多くの市民が参加できる受け皿として、プラットフォームが機能し、認知症の人も参加できる、また、こどもから大人まで意見を吸い上げる場があることが望ましい。

　プラットフォームに集まった地域ニーズに応じて、地域内で市民が参加した新しい技術・サービス開発が行われること、そして開発された地域内のオープンイノベーションに対して、行政が支援していることが望まれる。

（中部　貴央）

◆参考文献

1. 厚生労働省「高年齢者雇用対策の概要」、https://www.mhlw.go.jp/stf/seisakunitsuite/bunya/0000137096.html
2. Lisko I, Kulmala J, Annetorp M et al. J Intern Med. 2021 Jun;289（6）:pp.807-830.
3. 全国キャラバン・メイト協議会、https://www.caravanmate.com/
4. 厚生労働省「認知症サポーター」、https://www.mhlw.go.jp/stf/seisakunitsuite/bunya/0000089508.html
5. 元橋一之「日本政策金融公庫調査月報2019」（131）pp.4-15.
6. Baxter、S., Blank L., Cantrell A. et al. BMC Public Health. 2021: 21,1356（2021）.
7. 国際大学グローバル・コミュニケーション・センター、一般社団法人認知症フレンドリージャパン・イニシアチブ、一般社団法人人とまちづくり研究所「平成29年度 若年性認知症を含む認知症の人の能力を効果的に活かす方法等に関する調査研究事業、認知症の人が「はたらく」のススメ」、https://www.mhlw.go.jp/content/12300000/000334587.pdf
8. 内閣府男女共同参画局「育児と介護のダブルケアの実態に関する調査報告書」（平成28年3月）、https://www.gender.go.jp/research/kenkyu/pdf/ikuji_1_mokuji.pdf
9. Yoneyama S, Tanaka K, Matsuda Y, et al. Psychiatry Clin Neurosci. 2019 Dec;73(12):763-765.
10. Matsuda Y, Hashimoto R, Takemoto S et al. PLoS One. 2018 Jul ;13(7):e0200586.

Chapter 4

社会参加の活動をつくる
──社会的バリアフリーと世代間交流

....

キーポイント

- 社会参加は様々な健康アウトカムとの関連が知られており、認知症においてもその発症や重症化の予防効果が報告されている。

- 世代間交流プログラムは、参加する若い人においても高齢者、認知症についての認識の変化、コミュニケーション能力の向上、共感能力の向上などの効果が報告されている。

- 認知症の人の社会参加の機会、社会参加のための ICT の活用などに、経済的、地域的な格差が生じる可能性があり、公平性の問題が今後の課題として挙げられる。

認知症の人の「社会的健康」の向上としての社会参加

▋「社会的健康」と社会参加

　近年、「社会的健康」の概念が注目されており、認知症の人も様々な社会活動への参加に支障のない社会が望ましく、社会参加は、認知症施策推進大綱における5つの柱の中、「4. 認知症バリアフリーの推進・若年性認知症の人への支援・社会参加支援」に挙げられている。認知症の人の社会参加を充実するため、参加可能な活動自体の拡充のみではなく、社会活動にアクセスできる物理的なアクセス、情報面でのアクセスも重要である。そのため、本書の「Section 3 まちづくりへのアプローチ」で取り上げている内容と密接な関係がある。

　社会参加は広い概念で、定義が確立されていないが、例えば、Douglas（2017）は、社会参加を社会的つながり、インフォーマルな社会参加、フォーマルな社会参加の3つの概念に分類した。社会的なつながりは、社会ネットワークとも呼ばれる概念で、つながりのある人の数、合う回数などで測定できる。インフォーマルな社会参加は、社会との関わりを意味し、趣味のためのサークルなどへの参加回数、地域コミュニティへの参加回数などで測定できる。フォーマルな社会参加は、ボランティア活動を意味する。収入を得るための活動も、社会参加に含まれることもあるが、本章での「社会参加」とは、主に「社会的つながり」または「インフォーマルな社会参加」を示す。

　社会参加は様々な健康アウトカムとの関連が知られており、まだそのメカニズムが十分に解明されてはいないものの、認知症の発症や重症化との関連についての研究も多く行われている。19の縦断研究をレビューし、メタ分析した研究によると、社会参加の少ないグループは、認知症発症のリスクが1.4倍高く、社会的な接触が少ないグループも認知症発症のリスクが1.6倍

高かった。²

▌ 認知症の予防

　認知症は、治療、予防ができない疾患と知られてきたが、近年、そのメカニズムの解明が進んでおり、2017 年、ランセットの認知症予防・治療・管理委員会（Lancet Commission on Dementia Prevention、Intervention、and Care）が予防可能な認知症のリスク因子を若年、中年、高年に分けて示した。³ この報告によると、認知症のリスク因子のうち、予防可能な因子の寄与が約 35％で、社会的孤立は、喫煙、うつ病、運動不足、糖尿病とともに高年期の予防可能な認知症のリスク因子の一つとして挙げられている。本報告では、社会的の孤立は、認知症のリスクを 1.6 倍にすると推定している。

　前述の通り、社会参加には様々な形態があり、内閣府の高齢社会白書（2022）によると、高齢者における社会参加は、健康・スポーツ・趣味関連サークルへの参加、地域行事への参加などが多く、高齢者同士の交流が多いと推察される。⁴ しかし、近年、世代間交流は、核家族化が進んでいる現代社会において、高齢者だけではなく、若年世代にも有用であるとの研究報告が増えており、高齢者と若い世代の交流プログラムも注目されている。プログラムに参加する若い世代は、幼稚園児から大学生までで、特に認知症への偏見がない子どもを対象とするプログラムが多い傾向がある。世代間交流プログラムにおける若い世代側のメリットとしては、高齢者、認知症についての認識の変化、コミュニケーション能力の向上、共感能力の向上などが挙げられる。⁵

▌ 情報通信技術（ICT）の活用

　ICT の発達により、高齢者向けの ICT の活用についても研究、開発が多く行われている。しかし、高齢者全般ではなく、認知機能低下、認知症をもつ人に特化した活用はまだ多くはないが、Neal ら（2020）は、認知症の人

図 I　テレプレゼンスロボット「Giraff」
（出典：https://telepresencerobots.com/robots/giraff-telepresence/）

の社会参加を促すための ICT について 12 の研究をレビューした結果、ICT
の活用が認知症の人のみではなく、その家族や介護者にも役に立つことを示
した。この目的として活用されている ICT は、大きく分けてロボット・テ
クノロジーとマルチメディア・コンピューター・プログラムの 2 つの形態が
ほとんどで、ロボット・テクノロジーは、独立行政法人産業技術総合研究所
が開発した「パロ」などのペット型ロボットの活用についての研究が多く、
特に重症の認知症の人に効果があると報告されている。マルチメディア・コ
ンピューター・プログラムとしては、回想法、介護者と家族とのコミュニ
ケーションを手伝うタッチスクリーン基盤のコンピューターシステムである
CIRCA（Computer Interactive Reminiscence and Conversation Aid）
などがあり、ポジティブな効果が示されている。最近、テレプレゼンスロ
ボット（**図 I**）を認知症の人と介護者、家族とのコミュニケーションの補助、
投薬の支援などのために使用が始まっている。米国で行われた認知症・認知
機能低下の人、介護者、医療者の 3 つのステークホルダーへの半構造化イン
タビューから、社会とのつながりの増加、孤立感の減少とともに、全てのス

テークホルダーにおける負担の減少に役に立つことが示された。[7]

みんなのための社会参加への課題

・・

▎高齢者の社会参加 vs 認知症の人の社会参加

　高齢者における社会参加について、また、高齢者向けの ICT については比較的に多くの研究、事例があるが、認知症の人の社会参加、認知症の人のための ICT についてはまだ十分に検討されておらず、研究も小規模の研究がほとんどで、まだ認知症の人の社会参加の効果について、またそのメカニズムについて明らかではない。また、「社会的な健康」を測定する方法もまだ確立されておらず、介入、活動、サービスなどの効果を客観的に評価することが難しい。

──参加者全員が満足できるプログラムの開発

　認知症の人の社会参加による効果についての評価には、認知症の人本人のみではなく、その社会活動に参加する人々への効果も適切に評価する必要がある。特に、世代間交流プログラムにおいて、プログラムに参加する若い世代にも有意味な時間になるような活動の開発も、今後の課題に挙げられる。

──公平性の問題

　今後、認知症、認知機能低下の人のために ICT の活用が増えることが予想されるが、それに伴う費用から公平性の問題が生じる。ICT のみではなく、認知症にやさしいまちづくりも、活用可能な資源の地域差などによって格差が生じる可能性がある。そのため、持続可能性が重要な課題として挙げ

られ、認知症大綱の基本的な考え方である「共生」、すなわち、ともに生きることができる社会をつくっていく必要がある。

 世代間交流プログラムや ICT 活用を実施した事例

　認知症の人が住み慣れた地域で、物理的・経済的にアクセスしやすい様々な社会参加の機会が存在すること、そして ICT を適切に活用し、参加を支援する社会システムも整備されており、認知症があってもなくても、子どもから高齢者まで、年齢を超えて社会の誰もが楽しめる世代間交流が活発に行われることが望まれる。以下ではその参考になる事例をいくつか紹介しよう。

● 世代間交流プログラム事例

　一般社団法人かまくら認知症ネットワークの「かまくら散歩」は、認知症の本人、家族、専門職、市民、中高生が交流しながら散策を楽しむ活動で、月1回行われている（**図2、イメージ**）。また、認知症の人の社会参加を促進するため、認知症の人と専門職、市民、中高生が協力して鎌倉の町をきれいにする清掃ボランィア活動である「かまくら磨き」も実施している。

　京都府の向日市の向日市社協障がい者地域生活支援センターでは、中学校での認知症サポーター養成講座、本人が中学校の授業で登壇、認知症声掛け訓練などを実施しており、認知症の人本人の生活が充実し、周囲の人とのつながりが広がっている他、中学校に認知症の学習を通じた地域貢献活動のプログラムがルーティン化するなどの効果が報告されている。

● 認知症、認知機能低下の人のための ICT の活用例

　パロ（ロボット）：独立行政法人産業技術総合研究所が人との相互作用

図2　散歩（イメージ）（出典：https://www.photo-ac.com/）

によって、人に楽しみや安らぎなどの精神的な働きかけを行うことを目的
にして開発した「メンタルコミットロボット」である。海外でも多数の研
究が行われており、複数の研究で認知症患者（特に重症の認知症）の不安
の減少など、健康アウトカムの改善が示されている。[8]

（愼　重虎）

◆**参考文献**

1. Douglas H, et al. 2017. doi: 10.1071/AH16038.
2. Kuiper JS, et al. 2015. doi: 10.1016/j.arr.2015.04.006.
3. Livingston G, et al. 2017. doi: 10.1016/S0140-6736（17）31363-6.
4. 内閣府「高齢社会白書」、2022、https://www8.cao.go.jp/kourei/whitepaper/index-w.html
5. Houghton C, et al. 2022. doi: 10.1177/14713012221112385.
6. Neal I, et al. 2020. doi: 10.1017/S1041610219001388.
7. Shin MH, et al. 2022. doi: 10.2196/32322.
8. Hirt J, et al. 2021. doi: 10.3233/JAD-200347.

Chapter 5

差別と偏見を予防する
―マスメディアと教育の活用

....

キーポイント

- 認知症に対する差別と偏見を軽減することが共生社会の実現に求められる。

- マスメディアが認知症の人を含めた全ての人に情報が届くように配慮し、認知症に対する差別や偏見を生みだすことのない発信を心がける。

- 学校教育と生涯学習を通じて認知症の知識と理解を深め、住民一人ひとりが共生社会の担い手となり、課題発見・課題解決の中心となる。

認知症に対する差別と偏見

· ·

　認知症に対する差別や偏見の問題（スティグマ）は日本だけでなく世界中で生じている。認知症の疑いがあってもスティグマを恐れて医療機関の受診を控えたり、認知症の人が交流を避けて孤立する事態が生じている。こうした状況が続くと、認知症はさらに悪化することが懸念される。認知症の人が地域で共生するためには、スティグマを軽減するための努力が求められる。

▌ 認知症に対するイメージ

　内閣府は「認知症に関する世論調査」（2019 年）を実施しており、認知症に対するイメージについて単一回答で尋ねている。[1]「身の回りのことができなくなり、介護施設に入ってサポートを利用することが必要になる」と回答した人が 40.0%、「医療・介護のサポートを利用しながら、今まで暮らしてきた地域で生活していける」と回答した人が 32.6% だった。認知症になると地域では暮らせなくなると考えている人の方が多いようである。さらに、若年者ほどよりその傾向は強い。

　同調査では、「もし自身が認知症になったら不安に感じること」も複数回答で尋ねている。その結果、家族に身体的・精神的負担をかける（73.5%）、家族以外の周りに迷惑をかける（61.9%）が 1 位、2 位として挙げられている。認知症になることで家族や知り合いに負担や迷惑をかけてしまうという不安が強く、認知症に対する社会からのイメージも相まって、地域で暮らし続けていくことを妨げている状況が危惧される。

▌ スティグマの軽減に向けて

　石附・阿部（2017）は認知症に対する知識や理解を深めるとともに、認知症の人との交流を増やすことで、こうしたイメージは払拭できることを報告

している。認知症への知識や理解を深めるうえで、マスメディアがもつ役割は大きい。工藤（2017）は介護職員にインタビューを行い、認知症スティグマを明らかにした。その結果、認知症に対するイメージはマスメディアによる影響が大きく、認知症の人を「徘徊老人」として取り上げ、その家族が抱える大変さにフォーカスされているという認識を有している人が多いことを明らかにしている。マスメディアは認知症へのスティグマを生み出さないように注意を払わなければならない。加えて、マスメディアの役割として、認知症の人を含む全ての人に対して必要な情報を必要なタイミングで届ける工夫も求められる。

　スティグマを軽減するうえで教育も欠かすことができない。新オレンジプランでは「学校における高齢者との交流活動など、高齢社会の現状や認知症を含む高齢者への理解を深める教育を推進」するように求めている。具体的には次の３点を挙げている。第一に、高齢者との交流活動など、高齢社会の現状や認知症の人を含む高齢者に対する理解を深めるような教育の推進、第二に、小・中学校での認知症サポーター養成講座の開催等を利用した認知症に関する正しい理解の普及、第三に、大学等において学生がボランティアとして認知症高齢者等と関わる機会を持つことができるよう、自主的な取組の推進である。学校教育で認知症の知識と理解を深め、高齢者、とくに認知症の方と交流する機会を用意することが大切といえる。

　近年では生涯学習のニーズが高まっており、多様な学習機会が提供されている。生涯学習は市民に対するエンパワーメントの一つであり、市民が主体となって地域を変革する可能性を高める。加えて、浅井（2011）は地域内で開催される講座は住民の交流を促進し、地域の活性化や安全・安心をもたらし、教養関係の講座であれば中高年の就職率にも効果があることを指摘している。

　以上より、本章ではマスメディアと学校教育、生涯学習に焦点を当てて、認知症の人と共生できるまちづくりについて論じることとする。

情報を伝え、イメージを形成するマスメディア

マスメディアは多数の人々に情報を伝達する媒体であり、同時にプロパガンダのように、印象に影響を及ぼすものである。認知症の人やその家族への情報提供だけでなく、認知症に対するイメージに与える影響も考慮しなければならない。後者においては、これまでのマスメディアはテレビ・ラジオ・新聞であったが、若年者を中心にインターネットによる情報収集が一般的になっている。Twitter、Facebook、LINE、TikTok などの SNS や YouTube などの動画配信プラットフォームから情報を得ている。こうした媒体では、フェイク情報や誤った情報が配信されることも多く、利用者の情報リテラシーが求められる。同時に、SNS や動画プラットフォームによるチェック機能も必要とされる。

▌ メディアによるイメージ形成

マスメディアの役割は、情報を伝えることだけでなく、イメージ形成にも影響を与えている。NHK では障害者が出演する「バリバラ」という番組をスタートさせ、2016 年にグッドデザイン賞を受賞した。従来の福祉番組では「障害者＝頑張って障害を乗り越える人」として描かれることが多かったが、「バリバラ」はそのイメージを変えることを目指している。「大変そう」「かわいそう」といったマイナスイメージから、「面白い」「想像を超える」といったプラスイメージへと転換しようしている。そのことによって、障害者への「無関心」を「関心」に変えようという試みである。認知症の人に対しても、現在は「大変そう」「かわいそう」「怖い」といったイメージが先行しやすい。より親しみを持ってもらえるような発信が必要になる。YouTube では、認知症の人が登場し、クスッと笑える映像が話題になり、再生回数は数百万回を超えている。認知症の人との共生を目指したメディア

のあり方が求められている。

▎メディア・ユニバーサル・デザイン

　全ての人に情報が届くようにするための配慮を整理したメディア・ユニ
バーサル・デザインという手法がある。これは様々な情報が高齢者や障害
者、色覚障害者、外国人などにも見やすく、伝わりやすくする工夫である。
具体的にはアクセシビリティ、ユーザビリティ、リテラシー、デザイン、サ
ステナビリティの5つの視点からポイントが整理されている（**図1**）。

アクセシビリティ accessibility（接近容易性）

接近容易性
（アクセシビリティ）
1

見えない・読めないなど、情報の入手を妨げる要因を取り除く工夫が必要です。
例えば高齢者に対しては、明度差をつけた配色を行うと有効です。

ユーザビリティ usability（使いやすさ）

使いやすさ
（ユーザビリティ）
2

より快適・便利に使える使いやすさの工夫が必要です。施設の案内図にトイレの表示をする際、
その形状や付近のアクセスの情報があれば障がい者にとって便利です。

リテラシー literacy（読めて理解できる）

読めて理解できる
（リテラシー）
3

内容がより理解しやすい表現や構成による工夫が必要です。平易な言葉づかいは子どもや外国人にも
わかりやすく、またカタカナ語を不用意に使わないことで高齢者にもわかりやすくなります。

デザイン design（情緒に訴える）

情緒に訴える
（デザイン）
4

情緒に訴え、行動を誘発するデザインによる工夫が必要です。
メディア・ユニバーサルデザインはデザイン性が高いことと矛盾しません。

サステナビリティ sustainability（持続可能性を満たす品質であること）

持続可能性を満たす
品質であること
（サステナビリティ）
5

実現するのに過大なコスト負担がなく環境へも優しいものである必要があります。
将来にわたって長く使用し続けられることが大切です。

出典：NPO法人 メディア・ユニバーサル・デザイン協会の資料より

図1　メディア・ユニバーサル・デザインのポイント（出典：NPO法人メディア・ユニバーサル・デザイン協会）[6]

認知症を理解し、高齢者との交流の場を持つ学校教育

・・

　全ての学生が認知症を理解することが大切である。そのためには、認知症に関する知識を学習するだけでなく、高齢者との交流を通じて差別や偏見をなくさなければならない。

▌ 認知症に関する教育

　学校教育を通じて、認知症に関する知識や理解を習得できるように、自治体で認知症ガイドブックを製作して配布したり、高齢者施設への訪問を通じて交流する機会を提供する取組が行われている。また、学校で認知症サポーターのキャラバン・メイト講座研修が実施されており、学校での開催回数はのべ7万回以上、学生のサポーター数はのべ400万人を超えている（2022年9月時点）。多くは小中学生であり、認知症を学び、考える機会が提供されている。ただし、高校生や大学生・専門学生になると学生サポーターは減少し、高齢者との交流機会も少なくなる。高校生以上への認知症に対する教育はさらに取り組む余地が残されている。

　認知症を学習するコンテンツは充実している。例えば、認知症の人と家族の会は「認知症こどもサイト[7]」を開設し、子どもたちが「認知症」について一人でも楽しく学べるように設計している。指導者用テキストも用意されており、全国の学校や地域包括支援センター、認知症キャラバン・メイト等で活用されている。株式会社シルバーウッドは、VRデバイスを用いて認知症を"体験"することができる「VR認知症[8]」を開発している。認知症の中核症状を一人称で体験し、認知症の方を取り巻く周囲の理解やコミュニケーションの重要性について身をもって学ぶことができる。

▌学校機能・施設の地域への開放と複合化

　近年、学校機能・施設の地域への開放と複合化が進められている。例え
ば、富山型デイサービスでは、年齢や障害の有無などにかかわらず、誰もが
住み慣れた地域でサービスを受けられる場所として有名であり、全国に拡大
している**（図2）**。「1. 小規模・2. 多機能・3. 地域密着」をコンセプトとして
おり、1. 利用定員は10～20人程度で、家庭的な雰囲気、2. 障害者・子ども
を含め、誰でも受け入れ対応、3. 身近な住宅地に立地し、地域との交流が多
い。

　高齢者施設と保育園が併設された幼老複合施設も拡大している。宇治市立
小倉小学校では、小学校の空き教室を利用し、デイサービスや地域包括支援
センターを設置した。高齢者を運動会に招待する、将棋クラブの児童がセン
ターを訪れて対局するなど、交流を深めている。

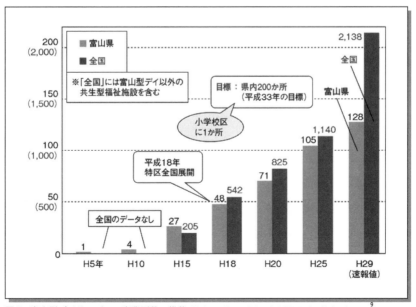

図2　富山型デイサービスの事業所数の推移（出典：公益財団法人長寿科学振興財団 健康長寿ネット[9]）

人生 100 年時代における生涯学習と地域の活性化

　これまで、学校教育を受けたあとに仕事に就き、定年を迎えて引退する 3 ステージモデルが一般的であった。しかし、人生 100 年時代を迎えた今、マルチステージの人生へとシフトしていることが報告されている（図 3）。マルチステージの人生では、学習が重要であり、誰でもいつでも学べる環境を構築することが求められる。その結果、まちに新しい知識が持ち込まれ、まちの活性化につながることが期待される。ひいては、認知症の人が暮らしやすいまちに近づくことが期待される。

▍ MOOC の活用

　内閣府調査（2018 年）では、多くの人が学習に対する意欲があることが報告されている。学習方法として、大規模公開オンライン講座（MOOC =

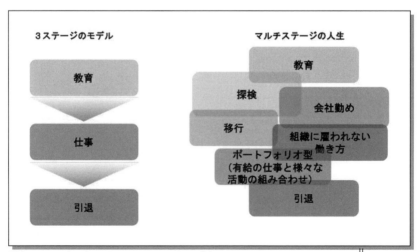

図 3　ステージモデルからマルチステージへの移行（出典：内閣官房「人生 100 年時代構想会議」）

Massive Open Online Course）が活用できる。大学等をはじめとした教育機関が無料で教育コンテンツを公開しており、誰でもいつでもどこでも学習が可能である。しかしながら、現状では MOOC の認知度は極めて低い。ある調査では約 8 割の人が MOOC を知らないと回答している。したがって、認知度を高める工夫がより求められる。

▌ 地域内の学習機会の提供

　地域内に学習機会を設ける取組も進んでいる。京都府与謝野町では「よさのみらい大学」を立ち上げ、運営している。よさのみらい大学は、「与謝野町をキャンパスに「新しいモノやコトの発見」「出会いと交流」を通じて、「自分・地域・まち」の未来を描き、主体的に行動する人財の育成を目的とした学び舎[12]」である。受講料は無料となっており、オンライン参加も可能。リベラルアーツコース、地域づくり学部、ビジネス学部を用意し、高い教養の獲得、地域課題・地域資源の活用、新しい農業モデルの構築などを提供している。

▌ 生涯学習の加速に向けた課題

　生涯教育では、次の課題が挙げられる。第一に教育コンテンツの提供である。学習を希望する人は多いものの、教育へのアクセスをするうえで時間的制約、金銭的制約、物理的制約がある。学習し続けられる社会を実現するためには、これらの制約を取り払う必要がある。

　加えて、地域資源を活用した学習機会の提供も求められる。認知症と共生するまちをつくるために、地域を深く知り、地域資源を活用し、地域を盛り上げることが重要である。地域の中で、自然発生的に学び合う環境を生み出すことが望ましい。

全ての人が認知症を正しく理解し、寄り添う社会へ

・・

　認知症にやさしいまちをつくるためには、全ての人が認知症を正しく理解し、寄り添う行動が必要である。そのために、学校教育や生涯教育を通じて知識を深め、マスメディアが正しい情報を適切に伝えることが求められる。

（原　広司）

◆参考文献

1. 内閣府「認知症に関する世論調査（令和元年 12 月調査)」、2020
2. 石附敬・阿部哲也『認知症スティグマの低減に資する要因群の探索－大学生を対象にした施行調査を基に－』東北福祉大学研究紀要、第 41 巻、pp.133-143、2017
3. 工藤健一『介護職員からみた認知症スティグマの分析』東北福祉大学研究紀要、第 41 巻、pp.145-159、2017
4. 厚生労働省「認知症施策推進総合戦略　新オレンジプラン」
5. 浅井経子「生涯学習推進の効果に関する研究－学習内容別の分析－」八洲学園大学紀要 第 7 号、pp.9-23、2011
6. NPO 法人メディア・ユニバーサル・デザイン協会ホームページ、https://www.media-ud.org/
7. 公益財団法人認知症の人と家族の会「認知症こどもサイト」、https://www.alzheimer.or.jp/kodomo/
8. 株式会社シルバーウッド「VR 認知症」、https://angleshift.jp/dementia/
9. 公益財団法人長寿科学振興財団健康長寿ネット「全国へ広がる富山型デイサービス」、https://www.tyojyu.or.jp/net/topics/tokushu/kyoseigatasabisu/toyamatype-day-service.html
10. 内閣府「生涯学習に関する世論調査」、2018
11. 内閣官房「人生 100 年時代構想会議」、2017 年 9 月 11 日
12. よさのみらい大学ホームページ 、http://yosano-univ.jp/

Section 2

社会保障・制度へのアプローチ
：福祉・年金・医療・介護

Chapter 6

"なる前の備え" を促す
——成年後見制度の視点から

- 高齢化に伴い、認知症は誰もがなり得る身近なものとなっている。認知症になると、お金の管理や契約が難しくなることがある。認知症になった後に慌てないために、なる前に備える必要がある。

- 認知症に対する理解を深め、認知症になる前に契約できるサービスや、認知症になったときにどのような制度や事業が使えるのか、相談先はどこかについて知っておくことが重要である。

- 成年後見制度など認知機能が低下した人を支える制度やサービスは本人の意思を実現するために運用される必要がある。誰もが身近な人の意思決定を適切に支援し、地域共生社会を実現していくことが不可欠である。

誰もが認知症になる可能性がある

・・・

　日本の少子高齢化は進行し、2022 年 9 月 15 日現在の総人口が前年に比べ 82 万人減少している一方、65 歳以上の高齢者は前年に比べ 6 万人増加している。総人口に占める 65 歳以上の高齢者の割合は 29.1％と 3 割近くにもなっている[1]。また、高齢化に伴い、認知症患者も増加傾向にある。2025 年には、高齢者の約 5 人に 1 人が認知症になると予測されている[2]。

　自分自身や家族、身近な人が将来認知症になる可能性が極めて高い中、使える制度や支援のあり方について関心を深め、備えることが大切である。

認知症になったときの困りごと

・・・

　認知症になると、毎日の生活に関わる様々な手続きや契約について、判断が難しくなることがある。

　例えば、自宅のリフォームが必要になったとき、定期購読契約してしまった雑誌の解約をしたいとき、賃貸マンションに住んでいて賃貸人から明け渡しを求められたときなどが考えられる。このようなとき、わかりづらい内容の書類を理解し、どうすれば良いかを判断することが、認知症が進むにつれ、難しくなっていく。

　また、認知症が進行すると、お金の振り込みをしようとして銀行窓口に行ったものの、到着したときには何のために銀行に来たのかわからなくなってしまうこともある。

　預金の引き出しには、原則として預金者本人の意思確認が必要である。銀行は預金者本人が認知症等により意思確認ができない状態である場合には、

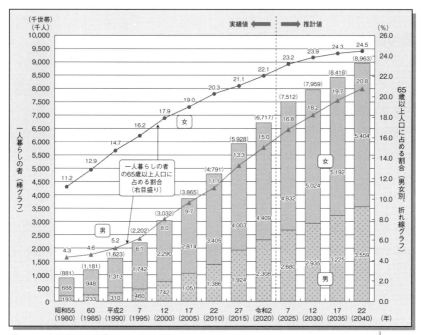

図1 65歳以上の一人暮らしの者の動向（出典：「令和4年版高齢社会白書」（内閣府）を加工して作成）[3]

銀行口座を凍結することがある。銀行口座が凍結された後は、生活費や医療費、介護費などにお金が必要でも、以前のように自由に引き出すことができなくなる。

　親と子が同居しているなど、複数世代のいる世帯であれば、毎日の生活に関わる手続きや契約について相談できる可能性がある。また、生活費や医療費、介護費を、家族が援助してくれることもあり得る。

　しかし、2020年における65歳以上の男女それぞれの人口に占める一人暮らしの者の割合は男性15.0％、女性22.1％であり、1980年以降、増加傾向にある**（図1）**。判断に困ったときやお金の管理で困ったときに、「相談できる誰か」、「支えてくれる誰か」、が身近にいない人は、今後も増えていくことが予想される。

認知症になったときに使える事業や制度

....

▌ 日常生活自立支援事業

　認知症などにより、日常生活を営むのに必要なサービスを利用するための情報を入手したり、理解したり、判断したり、意思表示をしたりすることが、一人では難しくなった方のために、日常生活自立支援事業がある。

　この事業は、都道府県・指定都市社会福祉協議会が主体となって実施しているもので、福祉サービスの利用や、住宅改造、居住家屋の貸借、日常生活上の消費契約、住民票の届出などの行政手続きに関する援助等を内容としている。これらの援助に伴い、預金の払い戻し、預金の解約などの日常的な金銭管理や、定期的な訪問による生活変化の察知などの援助を受けることができる。日常生活自立支援事業を利用するためには、まず実施主体に対して相談を行い、生活状況や希望する援助内容について確認を受ける必要がある。また、日常生活自立支援事業は、契約に基づいて利用するものであるため、日常生活自立支援事業を利用する契約の内容について判断できる能力があることが必要になる[4]。

▌ 成年後見制度

　困りごとに対し、援助だけではなく、代理してもらうことが必要になった場合のための制度として、成年後見制度がある。

　成年後見制度には、任意後見制度と法定後見制度があり、さらに、法定後見制度は、制度を利用する本人の状態によって後見、保佐、補助の3類型に分かれている[5]。

● 任意後見制度

　任意後見制度は、利用する本人が、代わりにしてもらいたいことや、誰に後見人になってもらうか、後見人への報酬をいくらにするかなどを契約で決めておく制度である。契約をした後、本人の判断能力が低下した場合に、家庭裁判所で任意後見監督人という、任意後見人が契約どおり適正に仕事をしているかを監督する人が選任される。任意後見監督人が選任されて初めて、任意後見人が契約で定められた特定の法律行為を、本人に代わって行うことができるようになる。

　任意後見契約の方式や効力、任意後見人に対する監督に関し必要な事項は、法律で定められている。任意後見監督人に選任される者の例としては、弁護士、司法書士等の専門職や法律、福祉に関わる法人などが挙げられる。任意後見監督人に対しては、裁判所が、後見人及び被後見人の資力その他の事情によって、本人の財産から相当な報酬を与えることができる。

● 法定後見制度

　法定後見制度の3類型は、類型ごとに、選任される者が本人のために行うことができる業務の範囲が異なる。後見（判断能力が欠けているのが通常の状態の方の場合）では、原則として全ての法律行為が代理でき、保佐（判断能力が著しく不十分な方の場合）と補助（判断能力が不十分な方の場合）では、申し立てにより裁判所が定める行為が代理できる **（表１）**。

　法定後見制度は、本人の判断能力が低下し、各類型に該当する場合になってから申立が行われる点や、誰が後見人等になるかを、制度を利用する本人ではなく裁判所が決める点で、任意後見制度と異なる。

　成年後見人等に選任される者の例としては、本人の親族、弁護士、司法書士、社会福祉士等の専門職や法律または福祉に関する法人などが挙げられる。

　後見人等に対して、裁判所は、後見人及び被後見人の資力その他の事情

	後見	保佐	補助
対象者	判断能力が欠けているのが通常の状態の方	判断能力が著しく不十分な方	判断能力が不十分な方
成年後見人等が同意または取り消すことができる行為（※1）	原則として全ての法律行為	借金、相続の承認など、民法13条1項記載の行為のほか、申立により裁判所が定める行為	申立により裁判所が定める行為（※2）
成年後見人等が代理することができる行為（※3）	原則として全ての法律行為	申立により裁判所が定める行為	申立により裁判所が定める行為

表 1　法定後見制度の 3 種類
※1 成年後見人等が取り消すことができる行為には、日常生活に関する行為（日用品の購入など）は含まれない
※2 民法 13 条 1 項記載の行為（借金、相続の承認や放棄、訴訟行為、新築や増改築など）の一部に限る
※3 本人の居住用不動産の処分については、家庭裁判所の許可が必要となる
※ 補助開始の審判、補助人に同意権・代理権を与える審判、保佐人に代理権を与える審判をする場合には、本人の同意が必要である。
（出典：「成年後見制度—利用をお考えのあなたへ—令和 4 年 10 月最高裁判所」を加工して作成）

によって、本人の財産から相当な報酬を与えることができる。

● 後見人等による不正事例

　後見人等による不正事例として、最高裁判所が公表している資料によると、2021 年 1 月から 12 月までの間に、家庭裁判所から不正事例に対する一連の対応を終えたものとして報告された件数は 169 件であり、被害額は 5 億 3,000 万円である[6]**(図2)**。

　法定成年後見における不正防止のためには、成年後見監督人等を選任して後見人等の活動を監督する方法や、後見制度支援信託または後見制度支援預貯金により、後見人が日常的に管理する財産を限定する方法がある。

　後見制度支援信託または後見制度支援預貯金とは、本人の財産のうち、日常的な支払をするのに必要十分な金銭のみを後見人が管理し、普段使用

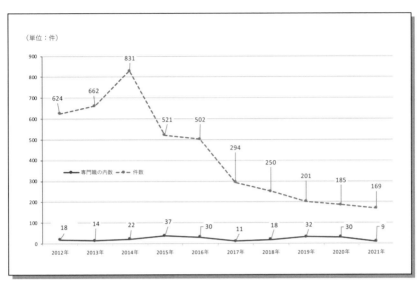

図2　後見人等による不正事例件数（出典：最高裁判所事務総局家庭局実情調査を参考に筆者作成）

しない金銭を金融機関が信託財産または特別な預貯金として管理する方法である。臨時の支出が必要になったときは、家庭裁判所に指示書を発行してもらったうえで、金融機関から金銭を払い戻すため、財産管理の透明性が高まる。しかし、後見制度支援信託または後見制度支援預貯金を利用する際に、専門職が後見人または後見監督人として関与した場合には、家庭裁判所の決定した報酬が必要になる（別途、金融機関の管理報酬が生じる場合がある）。

　不正防止の徹底に向けて、既存の制度の改善や、本人の負担がより少ない制度の新設を検討することと併せて、本人を後見人等のみではなくチームで支援していくことによって、不正が生じにくい環境をつくっていくことも重要である。

認知症と意思決定支援

・・・

　認知症が進行すると、老人ホームに入るかどうかなどの大きな契約が関わる意思決定だけでなく、どの介護サービスを使いたいかなどの社会生活における意思決定や、何を買いたいかなどの日常生活における意思決定も難しくなることがある。このような場合、些細なことでも重大なことでも、周りの人が、周りの人の価値観で、本人の代わりに決めていることはないだろうか。

　意思決定支援とは、本人が、「支援を受けて意思決定をすること」である。意思決定能力は、本人の個別能力だけでなく、支援者側の支援力によって変化する[7]。

　意思決定支援については、「認知症の人の日常生活・社会生活における意思決定支援ガイドライン」、「人生の最終段階における医療・ケアの決定プロセスに関するガイドライン」、「意思決定支援を踏まえた後見事務のガイドライン」など、様々な場面での意思決定支援の参考となるガイドラインが公表されている[8]。

　医療従事者や介護職、後見人等だけではなく、親族、地域の人など、本人に関わる全ての人が、本人が決めることを適切に支援することが当たり前の社会にしていくことは、自分自身が同じように意思決定が難しくなったときに備えることにもつながる。

「なる前の備え」とは

●●●

● 認知症に対する理解を深める

　　認知症に対しては、様々なイメージを持つ人がいる。

　　自分が認知症と診断されても周囲に伝えることができないケースや、家族が認知症であることを世間に知られたくなくて、介護サービスの利用に拒否的となってしまうケースもある。

　　認知症に関する情報はインターネットでも提供されている[9]。先入観や自分がこれまでに見聞きしてきた少数のケースだけに囚われることなく、偏りのない知識を持ち、理解を深めることが大切である。

● 家族で話し合う

　　家族の中の誰かが認知症と診断されたとき、誰がキーパーソンとなるかを巡りトラブルとなってしまうことがある。家族が認知症診断を受けると、認知症に対する理解や社会的資源に関する知識が十分でない場合は特に、家族で抱えなければならないと気負ってしまい、感情的になってしまうケースがある。

　　そのため、家族全員で認知症に対する理解を深め、利用できる制度や事業、相談先、交流の場などについて学び、各家族にとって継続可能な分担方法について話し合っておくことが重要である。

● 金銭管理が難しくなる前の対策

　　お金を管理することが難しくなる前に、まず、自分の財産がどこにどのくらいあるのかを確認しておく必要がある。

　　年金、預貯金、不動産、有価証券、保険、債務などを確認し、毎月の収支を計算し、自分に医療や介護が必要になったときに、使える財産がどのくらいあるのかを知っておくことで、これからの生活の見通しも立てやすくなる。

　併せて、公共料金、電話料金、クレジットカード、家賃などの引き落とし先も確認し、残高不足で不払いとなることがないように注意すべきである。

　そして、自分がお金の管理ができなくなったときに、誰にどう動いてもらうか、ということを考えておくことも重要である。

　銀行口座が凍結された場合でも、本人のために医療費や介護費が必要になった場合、家族などが銀行窓口に相談して、お金を引き出せることもある。しかし、入院費用、介護施設費用請求書等のお金が必要な理由がわかる書類など、銀行が求める書類を準備する必要があり、凍結前のような自由な出金はできなくなる。

　口座凍結に備える方法としては、銀行によっては、預金者本人の認知・判断機能が低下した場合に、予め登録する代理人が本人に代わって預金の入出金などを行うことができる予約型代理人サービスが利用できるところもある。また、家族信託や認知症対応型信託などが利用できる銀行もある。どのサービスを利用するかは、本人の資産状況や親族との関係性によって異なるため、サービスの利用にかかる費用や、メリット、デメリットを十分に検討したうえで、最も適切なサービスを選択する必要がある。

● 身近な人を増やす、地域活動に関わる

　頼れる家族がいない、または疎遠である場合に、近所付き合いもないと地域で孤立してしまうことがある。日常生活の中で誰かと話す機会がなければ、認知症その他の心身の状態の変化に気づいてもらえず、自覚がないまま、または自覚があっても外出が億劫になってしまい、セルフネグレクトに陥ってしまうケースがある。

　例えば、最近姿が見えない、自宅から異臭がする、という近隣住民からの通報により、救急搬送された独居高齢者のケースでは、もう少し早い段階で、本人が地域とつながり、必要な制度に届いていれば、自宅の衛生状態も、本人の健康状態も維持することができ、救急搬送に至ることなく、地域生活を継続できた可能性がある。

　また、普段から話しやすい人がいれば、難しい話を、伝わりやすい方言やわかりやすい言葉、声の大きさで、言い換えてもらうこともできる。例えば、聴覚が低下してきた高齢者が、医療・福祉専門職からの訪問を受けるケースでは、本人と話ができる近所の人に同席してもらうことで、安心感も生まれ、話もわかりやすくなって、支援につながりやすくなることがある。

　身近な人がいない、つながらない人が取り残されないように、本人は地域につながるように、地域は気づくことができるように努める必要がある。

● 相談先、交流の場を知っておく

　認知症になる前から、将来に備えて、どのような機関で相談できるのかを知っておくと、困ったときに関係機関につながりやすくなる。

【成年後見制度について】
・成年後見はやわかり　相談窓口のご案内（権利擁護相談窓口検索）
　https://guardianship.mhlw.go.jp/consultation/
・公益社団法人　日本社会福祉士会　権利擁護センター　ぱあとなあ
　https://jacsw.or.jp/citizens/seinenkoken/shokai.html
・公益社団法人　成年後見センター　リーガルサポート
　https://www.legal-support.or.jp/search
・日本弁護士連合会
　https://www.nichibenren.or.jp/legal_advice/search/other/guardian.html
・法テラス
　https://www.houterasu.or.jp/service/kouken/index.html

【日常生活自立支援事業について】
　社会福祉法人　全国社会福祉協議会
　https://www.shakyo.or.jp/network/kenshakyo/index.html

【認知症について】
・公益社団法人　認知症の人と家族の会：全国もの忘れ外来一覧
　https://www.alzheimer.or.jp/?page_id=2825
　電話相談
　本部フリーダイヤル平日10時〜15時　0120-294-456
　https://www.alzheimer.or.jp/?page_id=146

図3　相談・交流を求める人が利用できる主な関係機関

　各相談先、交流の場の連絡先としては、例えば**図3**記載のようなものがある。

認知症とともに生きる社会は、理解と支え合いが鍵

・・・

　少子高齢化が進行していく中で、認知症とともに生きる社会では、認知症に対する理解、普段からの相互の意思尊重、地域での支え合いが必要である。

　地域住民を含めた社会全体で判断能力が不十分な方の意思を尊重し、権利を擁護する地域共生の実現には、一人一人の小さな気づきや取組の積み重ねが不可欠である。

（西下　陽子、山田　文）

◆**参考文献**

1. 総務省統計局ホームページ https://www.stat.go.jp/data/topics/topi1321.html
2. 厚生労働省ホームページ https://www.mhlw.go.jp/kokoro/know/disease_recog.html
3. 内閣府ホームページ https://www8.cao.go.jp/kourei/whitepaper/w-2022/zenbun/pdf/1s1s_03.pdf
4. 厚生労働省ホームページ https://www.mhlw.go.jp/stf/seisakunitsuite/bunya/hukushi_kaigo/seikatsuhogo/chiiki-fukusi-yougo/index.html
5. 裁判所パンフレット「成年後見制度―利用をお考えのあなたへ―令和4年10月最高裁判所」
6. 後見人等による不正事例（最高裁判所事務総局家庭局実情調査）https://www.courts.go.jp/vc-files/courts/2021/r03koukenhuseijirei.pdf
7. 成年後見早わかり　後見人等を対象とした意思決定支援研修 https://guardianship.mhlw.go.jp/common/uploads/2021/02/kenshu_kyozai_p01.pdf
8. 成年後見早わかり　ガイドライン比較表 https://guardianship.mhlw.go.jp/common/uploads/2021/02/guardian04.pdf
9. 厚生労働省ホームページ　認知症関連ガイドライン（手引き等）、取組事例 https://www.mhlw.go.jp/stf/seisakunitsuite/bunya/0000167700.html

Chapter 7

年金リテラシーを育む
——低年金の予防の重要性

....

キーポイント

- 人生100年の長寿社会では、健康長寿で豊かに生活するうえで、安定した老後収入源の確保が重要である。収入や資産などの社会経済的要因は、健康長寿に影響しやすいことが、健康格差に関する先行研究から広く知られている。人生100年時代において、何歳まで働き、何歳から年金を受け取るのか、老後を経済面で安心して暮らすにはどのように年金や高齢就労と向き合うのがよいかという問題は、ますます重要になってきている。

- 老後収入源の平均6割以上は、公的年金による収入である。老後を安心して暮らすことができるかどうかは、低年金を予防し、年金受給額を増やすための年金リテラシーが大きく左右する。

- 年金リテラシーを高める3つの方策として、個人の老後生活資金計画の状況等に応じて、平均年金月額の高い厚生年金への加入、年金増額になる70歳・75歳等への年金繰下げ受給の選択、経済困窮時には国民年金保険料の免除・納付猶予制度の利用などが重要である。

健康長寿社会と老後生活資金確保の重要性

・・・

▌ 経済的安心と健康長寿

　人生 100 年の長寿社会においては、健康問題、年金・老後経済不安等の経済問題など、家計は多くの困難に直面している。本章では、老後生活資金と年金リテラシーに主な焦点を当てる。人生 100 年時代の日本では、年金の問題、老後生活資金の確保は、健康長寿社会にとって重要である。健康格差にかかわる多くの先行研究から、安定した雇用や収入・資産は健康長寿を促進することが示されているからである（近藤［2017］[1]、Scholten et al.［2022］[2]、Wang et al.［2022］[3] など）。定年退職制度や健康上の理由などから、老後は、十分な給料収入を得ることが容易ではなく、低収入リスクの処理が特に重要である。また、高齢期の就労は、給料を得る手段として重要であるだけではなく、就労を通じて社会とのつながりをもつ機会としても重要な面があると考えられる。

▌ 日本の年金制度

　日本の年金制度は、3 階建てであり、1 階部分の国民年金と 2 階部分の厚生年金は公的年金である。3 階部分は、私的年金であり、企業年金など、加入するかどうかは自由な年金である。

　本章では、後述するように、老後収入源と年金割合の多くが公的年金で占められていることなどから、年金制度のうち、公的年金制度に主な焦点を当てる。1 階部分の国民年金は、日本に居住する 20 歳以上の人々がすべて参加する皆年金の制度である。基本的に、20 歳から 60 歳になるまでの 40 年間、加入して保険料を負担し、65 歳から年金を受給する。国民年金の給付の半分は、税金で支えられている。主に、自営業、無職、学生などが加入している。

　2階部分の厚生年金は、主に、民間企業の会社員、公務員、所定の労働時間等の条件を満たす非正規雇用の人々などが加入している。厚生年金の加入者は、老後には、厚生年金だけではなく、国民年金も受給できるため、平均的にみると、1階部分の国民年金にだけ加入している人々よりも、老後に多くの年金を受給できる。厚生年金では、負担は一律ではなく、収入等が多いと年金保険料負担は多いが、老後の年金額も多くなる。厚生年金の保険料負担は、目安は給与・賞与等の18.3%であり、9.15%ずつ、従業員と会社で半分ずつ負担する。厚生年金の平均年金月額は、約14万6千円である[4]。

▌ 高齢者世帯の老後収入源の内訳

　厚生労働省［2021］「国民生活基礎調査の概況（2021年調査）」によると、高齢者世帯の平均所得金額は、公的年金は62.3%、稼働所得は21.5%、仕送り・企業年金・個人年金・その他の所得は8.7%、財産所得は6.9%、年金以外の社会保障給付金は0.6%である[5]（**図1**）。2001年には、公的年金は65.7%、稼働所得は20.5%である[6]。高齢期における稼働所得の割合は大きく増えているわけではなく、老後収入源の6割以上は公的年金が支えていることが示されている。

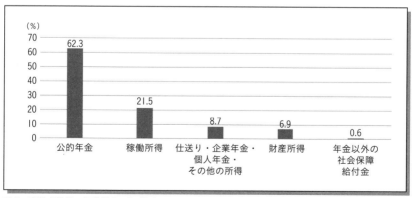

図1　高齢者世帯の平均的な所得構成（出典：厚生労働省［2021］「国民生活基礎調査の概況（2021年調査）」より作成）

▌ 高齢就労の国際比較、健康寿命

　労働政策研究・研修機構［2022］「データブック国際労働比較 2022」によると、諸外国と比較して、日本の高齢就労はむしろ進んでいることが示されている。2020 年の 70 ～ 74 歳の男性の就業率は、日本では、41.3％である **(図2)**。アメリカ、イギリス、フランスでは、それぞれ、21.1％、12.1％、4.3％である。70 ～ 74 歳の女性の就業率は、日本、アメリカ、イギリス、フランスでは、それぞれ、24.7％、14.3％、6.9％、2.1％である。さらに、日本の 75 歳以上の就業率は、男性は 16.0％、女性は 6.8％である[7]。

　厚生労働省［2021］「健康寿命の令和元年値について」（第 16 回健康日本 21（第二次）推進専門委員会資料 3-1（令和 3 年 12 月 20 日））によると、日本の健康寿命は、2019 年において、男性は 72.68 歳、女性は 75.38 歳である[8]。諸外国と比べると日本の高齢就業率は進んでいる面はあるものの、老後収入面における就労収入の割合は 2 割程度にとどまり、年金収入よりも非常に少ない。しかも、高齢就労収入の確保は不確実性が大きいこと、平均寿命と健康寿命の差が男性は約 9 年、女性は約 12 年であることなどを踏まえると、老後の年金を十分に確保すること、低年金の予防が重要である。

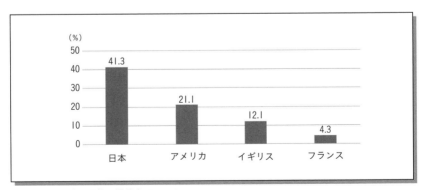

図 2　70 ～ 74 歳の男性の就業率（2020 年）
（出典：労働政策研究・研修機構［2022］「データブック国際労働比較 2022」より作成）

老後生活資金不足と乏しい年金リテラシーの問題

・・・

▌老後のお金、家計管理の問題、平均寿命の推移

　日本は世界屈指の長寿国である。厚生労働省［2020］「第 23 回生命表（完全生命表）の概況」によると、2020 年における平均寿命は、男性は 81.56 歳、女性は 87.71 歳である。1970 年の平均寿命が男性は 69.31 歳、女性は 74.66 歳であったことから、この 50 年間で、男女とも、12 歳以上、長寿になっている。また、家計の金融資産面については、日本銀行［2022］「資金循環の日米欧比較」（日本銀行調査統計局（2022 年 8 月 31 日））によると、2022 年 3 月末現在、日本の家計が保有する金融資産は、総額で 2,005 兆円である。

　しかし、長寿社会になっても、民間企業等の定年退職年齢は、平均寿命の延びほどには、それほど大きく伸びているわけではない。多くの企業は、定年退職年齢は、65 歳などにとどまる。定年退職をむかえると、多くの人々は無職や非正規雇用になることが多く、給料収入は大きく減少する。定年退職年齢の 65 歳などを過ぎてから、平均寿命までの年数は、男女とも 20 年間程度になる。老後生活資金 2,000 万円問題など、その間の老後生活資金をどうするという問題が大きい。

▌老後経済不安の増加、寿命不確実性、年金の有用性

　家計の老後経済不安は、昨今、増加傾向がみられる。内閣府［2021］「国民生活に関する世論調査（2021 年 9 月調査)」によると、日常生活で不安・悩みをかかえる人々のうち、老後の生活設計に関する不安・悩み、つまり老後経済不安は、1981 年には 20.3％であったが、2021 年には 58.5％にまで上昇している。

　なぜ、多くの家計の老後経済不安は、高まっているのであろうか。第一は、

家計金融資産は全体で 2,000 兆円を超える水準ではあるものの、高齢期の家計
資産保有額は、高齢者間の格差が大きいことの影響が考えられる。また、現
役時の給料が十分ではない場合など、多くの家計にとって、私的な資産形成
の重要性は理解している場合でも、私的資産形成の実行が難しい場合がある。

　第二は、寿命不確実性の問題である。個人貯蓄で老後に備えた場合、寿命
不確実性のため、貯蓄の過不足が生じ、非効率になりやすい。予想寿命や平
均寿命よりも長生きの場合、途中で個人貯蓄が枯渇し、生活困窮に直面しや
すい。また、予想よりも短命だった場合、個人貯蓄を使い切らず、個人貯蓄
が無駄になることもある。

　老後に年金が重要であるのは、寿命不確実性の影響を軽減できるからであ
る。終身タイプの年金は、生存を条件に、生きているかぎり、所定の年金を
受給できる。寿命不確実性の影響を受けることなく、年金を受給でき、個人
貯蓄のように寿命不確実性の影響による過不足は生じにくい。老後の収入、
消費水準を安定しやすい利点がある。

▌年金リテラシー不足になりやすい理由

　長寿社会で老後収入源として年金の重要性は高まってきている。年金知識
量、年金で豊かに暮らす力、年金リテラシーを高め、年金月額を増やす工夫
が重要である。だが、年金リテラシーは不足しやすい。

　年金リテラシーが不足しやすい主な理由は、年金制度は複雑であるためで
ある。生涯の年金の保険料負担と給付は何十年間にも及ぶ長期であること、
異時点ではお金の時間価値は異なり、年金の損得計算を把握するのが難しい
ことである。また、世代間で年金の負担総額と期待受給総額の格差があるこ
と、負担が先で受取は遠い先の未来であり、年金の価値が過小評価されやす
いことがあげられる。

　また、老後の年金給付については、いま加入していなくても、すぐに困る
ことは少ないため、年金の価値を実感しづらい。近視眼性が働きやすく、年

金未納問題などが生じやすい。70歳や75歳まで年金受給を待つと、年金は増額される。だが、厚生労働省［2020］「厚生年金保険・国民年金事業年報結果の概要（令和2年度）」によると、65歳よりもあとに国民年金（受給権者）の繰下げ受給を行う割合は、2%を下回る[4]。年金繰下げ受給の過少利用の理由についても、年金繰下げ受給による年金増額の仕組みについての年金知識不足の影響が主原因の1つとして考えられる。

年金リテラシーを高める3つの方策

▌ 平均年金受給月額の高い厚生年金への加入

　個人貯蓄や株式・投資信託やイデコなどの民間金融商品とは異なり、公的年金では、年金を増やすための個人の自由度が小さいと思われやすい面がある。そのため、公的年金の諸決定は受動的になりやすく、年金を増やす工夫の余地は小さいと考える人も少なくないかもしれない。しかし、年金リテラシーを高めることで、年金を増やす工夫は複数ある。

　低年金を予防し、年金を増やすための年金リテラシーを高める3つの方策として、第一は、平均年金受給月額の高い厚生年金への加入である。高齢者世帯の老後収入源は平均で6割以上が公的年金で支えているのが実態である。しかも、老後の公的年金は、高齢者間で、年金受給月額には大きな格差がある。国民年金と厚生年金の年金種別による年金格差である。

　厚生労働省［2020］「厚生年金保険・国民年金事業年報 結果の概要（令和2年度）」によると、現役時に主に自営業や無職などであった人々が受け取る国民年金は、老後の年金月額の平均は、約5万6千円である[4] **(図3A)**。現役時に主に民間企業の正社員や公務員などであった人々が受け取る厚生年金

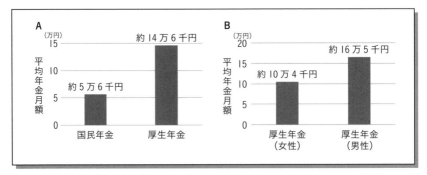

図3　A：厚生年金の利活用の重要性、B：男女別でみた厚生年金の格差
（出典：厚生労働省［2020］「厚生年金保険・国民年金事業年報 結果の概要（令和2年度）」より作成）

は、老後の平均年金月額は、約14万6千円である[4]。年金種別の違いにより、平均で2倍以上の年金格差がある。厚生年金の加入については、これまで正社員が主であった加入対象が、より短時間等の非正規雇用にも加入対象を広げる厚生年金の適用拡大が進められている。

　また、厚生年金では、男女別の年金月額格差も大きく、平均寿命が長いにもかかわらず、女性は、低年金リスクが大きい[4]**（図3B）**。厚生年金の老後の年金月額は、現役時の就業の有無や収入によって主に決まるため、女性の社会進出や就業促進は、老後の十分な年金水準の確保の点からも重要である。

▌年金繰下げ受給による年金増額（70歳から：1.42倍、75歳から：1.84倍）

　第二は、年金増額になる年金繰下げ受給の利活用である。公的年金は、主に65歳から受給するのが基本であるが、年金保険料を納めた年数などの所定の要件を満たしている場合、60〜75歳の中から自由に年金受給開始年齢を選択できる。しかし、早く繰上げして受け取ると、年金減額になり、遅くまで待って繰下げ受給すると、年金増額になる。60歳から受け取ると、その後の年金は、生涯、0.76倍に減額になる。70歳、75歳まで年金を待って遅らせた場合は、それぞれ生涯、1.42倍、1.84倍になる[11]**（図4）**。年金を70歳や75歳まで待つには、高齢就労収入をあてにできることも必要になるこ

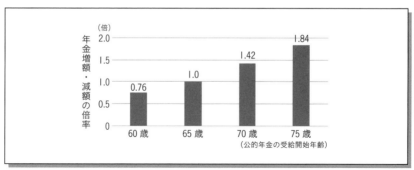

図4　70歳・75歳等への年金繰下げ受給の利活用
（出典：日本年金機構［2022］「老齢年金ガイド令和4年度版」より作成）

とが多いため、健康寿命の維持もあわせて重要である。

▌ 国民年金の3つの保障と免除・納付猶予制度の利活用、年金減額リスク

　第三は、経済的困窮時における国民年金保険料の免除・納付猶予制度の利活用である。国民年金は、3つの保障があり、老後の年金だけではなく、障害年金、遺族年金の保障もついている。年金未納は、老後の年金が受け取れなくなるだけではなく、障害年金と遺族年金の保障も失うことにつながる。

　そのため、国民年金保険料の納付が経済的理由で困難の場合、国民年金保険料の免除や納付猶予の制度を利用することが重要である。免除・納付猶予制度を利用することで、障害年金、遺族年金の保障対象になる。また、免除の場合には、老後の年金の一部にも反映される。

　ただし、免除や納付猶予を受けて、その後に追納しない場合、老後の年金月額が減額になるリスクがあることには留意が必要である。

▌ 年金教育の整備：年金リテラシーを向上させるための社会的仕組み

　個人サイドは、年金リテラシーを向上させ、自分自身の年金を多く受け取れるようにする工夫が重要である。他方で、個々人の年金リテラシーを向上させるための社会的仕組みとして、学校教育現場等での年金教育の整備が必

要である[12]。

　年金制度に関して、中学校や高校の教科書で説明されているページは非常に少なく、年金制度について体系的に学習する機会は限られている。老後に年金をいくら受け取れるかは、主に現役期の年金制度とのかかわりかたによって大きく変わってくる。低年金の予防、年金増額のために、学校教育等で、年金制度について体系的に学習することが重要である。

　老後に国民年金よりも年金を多く受給できる厚生年金への加入、70歳や75歳などへの年金繰下げ受給の有効活用など、年金増額の仕組みを学習することが重要である。

　また、国民年金保険料の免除・猶予制度を利用してその後に追納しない場合の低年金リスク、年金未納による無年金リスク、老後に国民年金のみで低年金になるリスクなどを理解し、低年金を予防するための方法について学習することが重要である。

　中学校・高校の先生が年金制度を学習する機会自体も少ないと考えられる。教える側にいる学校の先生が、効果的に年金制度について理解度を高めるための年金教材の開発も課題である。

（佐々木　一郎）

◆参考文献
1. 近藤克則『健康格差社会への処方箋』、医学書院、2017
2. Scholten et al. 2022. doi: 10.1136/bmjopen-2021-051997.
3. Wang et al. 2022. doi: 10.1016/S2468-2667 (22) 00157-8.
4. 厚生労働省「厚生年金保険・国民年金事業年報 結果の概要（令和2年度)」、2020
5. 厚生労働省「国民生活基礎調査の概況（2021年調査)」、2021
6. 厚生労働省「国民生活基礎調査の概況（2001年調査)」、2001
7. 労働政策研究・研修機構「データブック国際労働比較2022」、2022
8. 厚生労働省「健康寿命の令和元年値について」(第16回健康日本21（第二次）推進専門委員会 資料3-1（令和3年12月20日))、2021
9. 厚生労働省「第23回生命表（完全生命表）の概況」、2020
10. 日本銀行「資金循環の日米欧比較」(日本銀行調査統計局（2022年8月31日))、2022
11. 日本年金機構「老齢年金ガイド令和4年度版」、2022
12. 佐々木一郎『幸福感と年金制度』中央経済社、2022

Chapter 8

医療からのサポート
──病型の理解と環境整備

. . . .

キーポイント

- 「認知症」は、様々な原因により起こり得る認知異能が低下した症候群である。つまりいくつもの傷病やそれらの結果を包含したものであり、発症、実態、治療、予防可能性もそれぞれ全く異なることの理解が重要である。

- 認知症のうち大半を占めるアルツハイマー型は、その根本の病態は依然不明であり、治療・予防についても解明は難航している。現時点での認知症予防は、病型によってその予防可能性が異なることを意識した啓蒙・施策が望まれる。

- 地域の医療者、社会福祉に携わる専門家、専門組織としての認知症疾患医療センター、地域包括支援センターおよび認知症初期集中支援チームなど、様々な事業・組織が存在する。これらそれぞれがより効果的な役割を整備していく一方で、地域の課題に即した柔軟な相互の連携が構築されることおよびその連携への理解とサポートが期待される。

認知症の医学的背景・医学的動向

....

▌「認知症」が意味するもの

　「認知症」は、様々な原因により起こり得る認知機能が低下した症候群である。認知症疾患診療ガイドライン2017では認知症の診断基準にICD-10による診断基準、NIA-AAによる診断基準、DSM-5による診断基準を挙げている。例えば認知症サポーター活動ハンドブックでは、記憶・理解・判断・見当識等の障害として「中核症状」、徘徊・暴力・せん妄・抑うつなど「行動・心理症状」などを挙げ、これらにより生活するうえで支障がおよそ6か月以上継続するものを認知症としているように、明確な原因が必ずしもわからない、症状を中心とした病態とされている。

　「認知症」への対応は、例えば認知症の人にやさしいまちづくりガイドや条例など、この症候群を一体ととらえた対応がしばしばみられる。しかし医療の観点からは、「認知症」はいくつもの傷病やそれらの結果を包含したものであり、発症、実態、治療、予防可能性もそれぞれ全く異なることの理解が重要である。

▌認知症の病型による分類と特徴

　最も多くを占めるものがアルツハイマー型認知症である**（図I）**。我が国でも6割から7割を占め、増加傾向と考えられている。病理学的に神経原線維変化とアミロイドを特徴とするといわれているが、その根本の病態は依然不明であり、治療・予防についても解明は難航している。進行の抑制を期待される薬剤が開発はされつつも、現在の医療では治癒や軽快は困難である。

　血管性認知症は脳血管障害が原因となる認知症であり、脳梗塞をその本質とすることが多い。変性した脳組織の修復は困難なことが多いが、再発・進

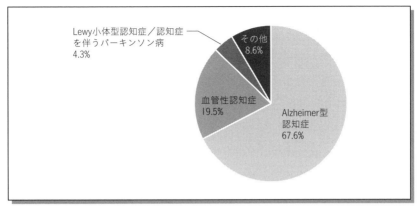

図1　認知症の病型による割合
(出典:厚生労働科学研究費補助金認知症対策総合研究事業，都市部における認知症有病率と認知症の生活機能障害への対応，平成 23 年度～平成 24 年度総合研究報告書より筆者作成)

行を予防する三次予防、発症を減らす一次予防が期待される。

　その他、例えば栄養素の欠乏や代謝異常に起因するものなどは原因を特定することにより、治癒や軽快が期待できるものもある。髄膜炎、外傷によるものなどは、罹患・受傷の予防としての一次予防が重要である。感染症などによるものでは進行を食い止める二次予防が重要となる。これらいずれも早期に原因の特定を行い、対処されることにより、発症の減少やよりよい経過が期待される。

┃ 医療にかかりやすい環境の重要性

　認知症においても、医療にかかりやすい環境を整えることは、診断、二次予防・三次予防の点で重要である。日本の医療では皆保険制度およびフリーアクセスに支えられており、原理的には医療を受けることは、世界の中では比較的充実した環境といえる。しかし、特に認知症においては、必ずしも本人の自発的な受診を発端としないことがある。このため、周囲の者が医療への橋渡しをすることがしばしばみられるが、受診を促しにくい、強制できな

いなど、戸惑いや困難がみられる[2]。例えば、「もしも　気になるようでしたらお読みください」として刊行されたガイド[3]では“認知症の人と家族の空白の期間”の改善を様々な形で紹介している。しかし、ガイド内では、「病院に行くのは認知症の診断のためではありません」と明記されており、結果的に診断された認知症と社会の中で付き合うために重点がおかれ、診断前の行動へのアドバイスは少量にとどまっていることには注意が必要である。

　医療の観点からは、まずは疾病としての十分な鑑別を得るため、認知症の本人あるいはその周囲から、かかりつけ医、看護師あるいは社会福祉・医療関係者へコンタクトを取りやすい環境の整備が期待される。あるいは例えば他の家族の介護や診療の会話から、認知症の家族の存在を疑うなど、社会福祉関係者や医療関係者のセンシティビティーが高い環境が望まれる。特に医療者については、自身での診断や治療技術の向上に加え、認知症疾患医療センターなど専門家との円滑な連携やアクセスが可能な体制が期待される。医療施設内や医療施設間での連携の強化のみならず、講習会、認知症カフェなど、地域の底上げとしての医療の役割も期待される。

　認知症による症状が進行性あるいは不可逆の状態になると、精神科治療に準じた対処・緩和治療が必要となることがある。認知症の専門的に診療と、かかりつけ医・家庭医など日常を支えることの両立した医療が求められる。また、このような病態において、心筋梗塞や癌、外傷、肺炎など、急性期医療が必要となることもしばしば発生する。必ずしも本人からの治療への希望が確認できない中、インフォームドコンセント・インフォームドアセントのありかた、人としての尊厳の在り方、社会の有限な医療資源の公正な配分など、医療倫理や価値観を含め、家族で、医療・福祉チームで、地域で、そして国家としても様々に考えていく必要がある。

予防未解明のアルツハイマー型認知症

・・

▌「予防」という概念の多義性

　様々な自治体で認知症の人にやさしいまちづくり条例が策定され、それらの中に予防の取組が少しずつ見られているが、科学的観点からは注意が必要である。

　まず「予防」はいくつかの異なる概念が存在する。明確な分類は難しいものの、前項でも言及しているように発症を減らす一次予防、早期発見、早期治療、重症化を減らす、進行等を遅らせる二次予防、リハビリテーションや再発を減らす三次予防に分けて考えられる。認知症施策推進大綱（2019）では「予防」を「認知症になるのを遅らせる」「認知症になっても進行を緩やかにする」という意味として、他にも The Lancet Commissions の報告[4,5]でも "prevented" および "delayed" として、複数の概念を包含した提示をしている。社会への実装では、これらを分けて認識し、応用していくことが必要になる。

▌認知症の予防に対する誤解

　多くの取組は、いわゆる生活習慣病の予防を中心とした発症予防の観点になるが、これによる効果の期待できるものは認知症の一部であり、大多数を占めるアルツハイマー型認知症への効果は期待しにくい。厚生労働省による別の手引き「認知症の人、高齢者等にやさしい地域づくりの手引き　～指標の利活用とともに～」では、認知症の65％は変えられないリスクとして認識し、予防可能性は残り35％のうち約7%[4]と明示している。

　このように認知症原因の第1を占めるアルツハイマー型認知症の予防は、本来は予防策に含め得ないが、多くの文書で病型分類を意識しないような予

防策が提示されている。例えば認知症施策推進総合戦略（新オレンジプラン）
では、その第2項で「（2）発症予防の推進　運動、口腔機能の向上、趣味
活動など日常生活における取組が認知機能低下の予防につながる可能性が
高いことを踏まえ、住民主体の運営によるサロンなど地域の実情に応じた取
組を推進していきます。」と記して予防施策を掲げているが、ここでは病型
によらないような表現に受け止められかねない。同様に、WHOの発行する
文書でも[6]"Studies show that people can reduce their risk of cognitive
decline and dementia" として、特にアルツハイマー型認知症を分けること
なく予防の可能性を前面に提示している。確かに近年、生活習慣の改善がア
ルツハイマー型認知症を予防する可能性を示唆する研究も散見され[7,8,9]、政府広
報[10]でも、「認知症のリスクを下げる」という期待で記載されている。しかし社
会に還元・実装する上では、適応可能な範囲として、つまりここでは特に認
知症の病型には十分に留意し、まだ研究段階であったり、可能性の不確定情
報を分別した啓蒙や施策が望まれる。

診療の環境整備

・・

▌ 受診という最初の障壁をどう下げるか

　医療としての診断による、二次予防、三次予防、あるいは治療が重要であ
る一方で、「診断」へ至るまでには、まず受診という障壁がある。前述のよ
うに、必ずしも自身での受診につながらないこともある。また、「診断」は
医師に規定された行為のため、周囲の人々にはその診断を受けるための受診
のへの橋渡しが期待されるものの、特に初期・軽症の場合には、その判断が
つきにくく、周囲から受診は勧めにくい。

　最近では、長谷川式簡易知能評価スケールを気軽に測定できるアプリが公開されており、もし周囲の人々が促すことができれば、その測定結果を見て、より積極的な受診が促せる可能性がある。ほかにも、NTT コミュニケーションズより AI により認知機能の状態を測定できるサービス"脳の健康チェックフリーダイヤル"が開始された。[11] これらは本稿の執筆時に目に留まった最近の例示にすぎず、その有効性は未定であるが、「認知症は身近なことにならないと気づけないので、気軽に利用してほしい」の語り[12]にあるように、ツールにより「きっかけ」がつくりやすくなれば、結果として受診への橋渡しが期待される。

▎構築が進む医療体制

　受診行動後の、医療体制は構築段階にある。認知症疾患医療センターは、「認知症の速やかな鑑別診断や、行動・心理症状（BPSD）と身体合併症に対する急性期医療、専門医療相談、関係機関との連携、研修会の開催等の役割を担う」とされ、2008 年より事業運用されてきている。現在、全国各

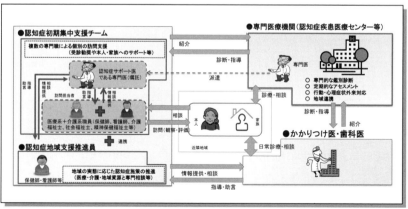

図 2　認知症初期集中支援チーム
（出典：厚生労働省　平成 26 年 9 月 2 日第 2 回認知症高齢者等にやさしい地域づくりに係る関係省庁連絡会議）

地にセンターが稼働しているものの、課題や地域格差が指摘されている。地方独立行政法人東京都健康長寿医療センターの取りまとめた「認知症疾患医療センターの事業評価および質の管理に関する調査研究事業 報告書　2020」では、例えばセンターでの鑑別診断の実施件数の地域差が指摘されている[13]。また各センターの役割や、特に人材育成など、事業の方向性に関わる疑問が報告されている。

　認知症初期集中支援チームは「医療・介護の専門職が家族の相談等により認知症が疑われる人や認知症の人及びその家族を訪問し、必要な医療や介護の導入・調整や、家族支援などの所為の支援を包括的、集中的に行い、自立生活のサポートを行うチーム」として2012年度頃からの事業として運営されてきている[14] **(図2)**。このチームの設置は、2020年度は66%が地域包括支援センターであり、認知症疾患医療センターは9%であったと報告されている。

▌役割ごとに求められる柔軟な連携協力

　これらの施策、施設は、それぞれがやや異なる役割であるが、連携は重要である。2020年総務省からの報告「認知症高齢者等への地域支援に関する実態調査－早期対応を中心として－」では、支援チームのサポートが「初期」ではなく「困難事例」に偏るなど、その役割への疑問や、チーム、センター、それぞれの目指すべき目標が見えにくくなっているなどの指摘がなされている[15]。この報告には、結果に基づく勧告も伴っているが、この提言の主旨は役割やその評価を明確化することとされるにとどまっている。どの組織がどの役割であるなどの分化を示すものではないため、現場での対応は、そこからの解釈が派生しうる。

　一方で、この報告書からもうかがえるように、地域での実情は地域ごとに様々であり、今現在必要とされているものも異なっていると考えられる。認知症の多くが、治癒困難であることからも、その医療としての役割が不明確

になりやすいことも一因としてあるが、各施策・組織の役割の明確化・分化とは逆に、地域に応じた課題解決へ向けた柔軟な協力を行えるツールとしての活用ができれば、実社会における困難へのサポートがより充実されると考えられる。

受療しやすい地域のために

症候群としての認知症は、その大部分が病理学的にも不明であり、一般に治癒は困難である。新薬の開発が進められているが、特にアルツハイマー型認知症では病態の解明も期待される。一方で認知症に伴う様々な症状や日常生活の困難を、医療視点から多くのサポートができる。

認知症に対する施策や組織が、様々に展開されている。トップダウンで開始されたものであっても、ボトムアップによる発展が期待される。地域の中では、医療・福祉に携わる人々が、認知症へのアンテナを充実させ、地域の中での解決へ、施策・組織の柔軟な活用やそのサポートが期待される。

（國澤　進）

◆参考文献

1. 日本神経学会、認知症疾患診療ガイドライン、2017
2. 岡村毅『地域在住高齢者の医療の手前のニーズ　地域に拠点をつくり医療相談をしてわかったこと』
3. https://www.dcnet.gr.jp/pdf/cafe/mosimo_a4.pdf
4. Gill　Livingston, The Lancet、2017、https://doi.org/10.1016/S0140-6736（17）31363-6
5. Gill　Livingston, The Lancet、2020、https://doi.org/10.1016/S0140-6736（20）30367-6
6. https://www.who.int/news-room/fact-sheets/detail/dementia
7. NHS、https://www.nhs.uk/conditions/alzheimers-disease/
8. CDC、https://www.cdc.gov/aging/aginginfo/alzheimers.htm
9. Philip Scheltens, The Lancet、2021、https://doi.org/10.1016/S0140-6736（20）32205-4
10. 政府広報オンライン：もし、家族や自分が認知症になったら知っておきたい認知症の基本、https://www.gov-online.go.jp/useful/article/201308/1.html
11. https://www.ntt.com/about-us/press-releases/news/article/2022/0921.html
12. NHK「電話で"認知症の疑い"測定のサービス開始 無料でAIが判定」、https://www3.nhk.or.jp/news/html/20220921/k10013829231000.html
13. 地方独立行政法人東京都健康長寿医療センター「認知症疾患医療センターの事業評価および質の管理に関する調査研究事業 報告書　2020」、https://www.tmghig.jp/research/info/cms_upload/f3026b66519e18df691a06c1ebcdbbb5_2.pdf
14. 鷲幸彦「認知症初期集中支援チームについて」日本老年医学会雑誌52巻2号（2015：4）、2015
15. 総務省「認知症高齢者等への地域支援に関する実態調査－早期対応を中心として－」、https://www.soumu.go.jp/menu_news/s-news/hyouka_020511.html

Chapter 9

介護と介護予防に取り組む
——暮らし続けられる地域に向けて

キーポイント

- 認知症への市町村、地域レベルの主な取組としては、認知症ケアパスの作成、認知症初期集中支援チームの設置・活動、認知症サポーター等がある。

- 自宅で同居人が介護を行うケースでは、インフォーマルケアコストが他の介護形態より高くなったという研究結果がある。介護保険制度等のフォーマルケアと地域諸組織の連携による介護負担軽減への対策が急務である。

- 介護予防取組の効果が現れてきているが、取組が困難な市町村もあるため、厚生労働省は 2022 年に「介護予防の取組強化・推進のための市町村マニュアル及び資料集」を公開し、どのようなプロセスを辿ると改善の方向に向かうのかを具体的に示した。

住み慣れた地域で安心して生活を継続するための取組

・・・

　認知症は、「認知症は、脳の病気や障害など様々な原因により、認知機能が低下し、日常生活全般に支障が出てくる状態」とされる[1]。団塊の世代が75歳以上となる2025年、65歳以上が全人口の約30％に達し[2]、65歳以上の5人に一人が認知症になると予測されている[3]。

　誰もが認知症になっても住み慣れた地域で安心して生活を継続するためには、医療、介護及び地域が有機的に連携したネットワークを形成し、効果的な支援を行うことが重要[4]である。国レベルから小地域レベルまで様々な施策・計画が実行されてきた。以下に主要なものを3例ずつ挙げる。また介護サービスにおける認知症への対応は、2021年の介護報酬改定を簡単に述べる。

▌ 国レベルの取組

● オレンジプラン

　2012年に厚生労働省により認知症施策推進5か年計画、通称オレンジプランが策定された。この計画は2013〜2017の5年間計画であり、7つの具体的事項とその目標が記載されている**（図1）**。オレンジプランは従来からのケアの流れを変えるとし、「認知症の人は、精神科病院や施設を利用せざるを得ない」という考え方を改め、「認知症になっても本人の意思が尊重され、できる限り住み慣れた地域のよい環境で暮らし続けることができる社会」を目指すとした[5]。

● 新オレンジプラン

　2015年、認知症施策推進総合戦略〜認知症高齢者等にやさしい地域づくりに向けて〜（新オレンジプラン）が公表された。これは厚生労働省が関係府省庁（内閣官房、内閣府、警察庁、総務省、など11省庁）と共同

今後の認知症施策の方向性

～　ケアの流れを変える　～

○「認知症の人は、精神科病院や施設を利用せざるを得ない」という考え方を改め、「認知症になっても本人の意思が尊重され、できる限り住み慣れた地域のよい環境で暮らし続けることができる社会」の実現を目指す。

○ この実現のため、新たな視点に立脚した施策の導入を積極的に進めることにより、これまでの「ケアの流れ」を変え、むしろ逆の流れとする標準的な認知症ケアパス（状態に応じた適切なサービス提供の流れ）を構築することを、基本目標とする。

「認知症施策推進5か年計画」（平成24年9月厚生労働省公表）の概要

【基本的な考え方】

《これまでのケア》
認知症の人が行動・心理症状等により「危機」が発生してからの「事後的な対応」が主眼。

→

《今後目指すべきケア》
「危機」の発生を防ぐ「早期・事前的な対応」に基本を置く。

事項	5か年計画での目標
○標準的な認知症ケアパスの作成・普及 ※「認知症ケアパス」（状態に応じた適切なサービス提供の流れ）	平成27年度以降の介護保険事業計画に反映
○「認知症初期集中支援チーム」の設置 ※ 認知症の早期から家庭訪問を行い、認知症の人のアセスメントや、家族の支援などを行うチーム	平成26年度まで全国でモデル事業を実施 平成27年度以降の制度化を検討
○早期診断等を担う医療機関の数	平成24年度～29年度で約500カ所整備
○かかりつけ医認知症対応力向上研修の受講者数	平成29年度末　50，000人
○認知症サポート医養成研修の受講者数	平成29年度末　4，000人
○「地域ケア会議」の普及・定着	平成27年度以降　すべての市町村で実施
○認知症地域支援推進員の人数	平成29年度末　700人
○認知症サポーターの人数	平成29年度末　600万人

図 1　認知症施策推進 5 か年計画（オレンジプラン）
（出典：厚生労働省　厚生労働省の認知症施策等の概要について、https://www.mhlw.go.jp/stf/houdou/2r9852000002j8dh-att/2r9852000002j8ey.pdf）

して策定した国家戦略である。新オレンジプランはオレンジプランから引き続き「認知症の人の意思が尊重され、できる限り住み慣れた地域のよい環境で自分らしく暮らし続けることができる社会の実現を目指す」ことを基本的な考え方とし、7 つの柱を定めた **(図 2)**。これらはオレンジプランの事業拡大（項目追加、数値目標の引き上げ）であったが、その実現には関係省庁の連携はもとより、行政だけでなく民間セクターや地域住民自らなど、様々な主体がそれぞれの役割を果たしていくことが求められた。

● 認知症施策推進大綱

2019 年、認知症施策推進関係閣議会議で認知症施策推進大綱がとりまとめられた。この大綱は、有識者だけでなく認知症の人や家族をはじめと

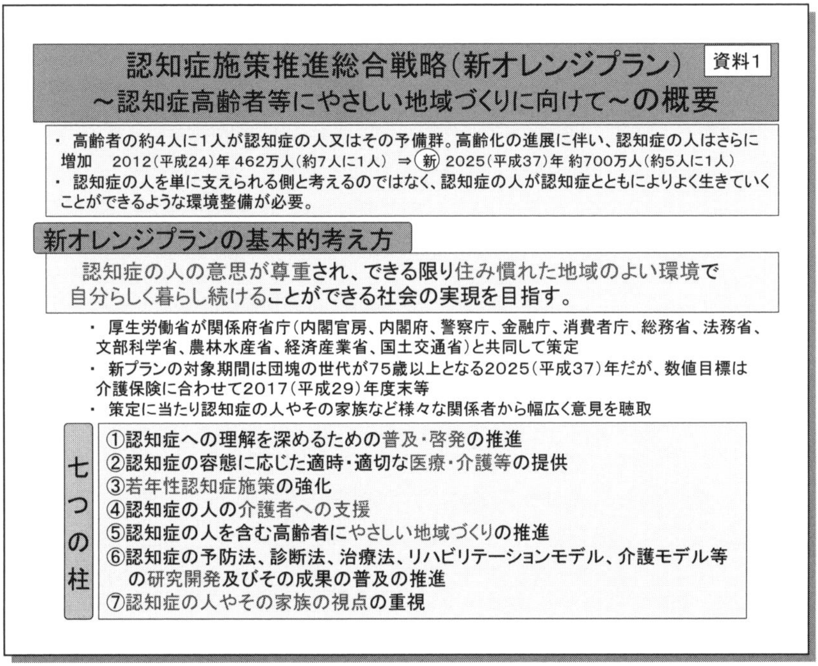

資料1

認知症施策推進総合戦略（新オレンジプラン）
～認知症高齢者等にやさしい地域づくりに向けて～の概要

- 高齢者の約4人に1人が認知症の人又はその予備群。高齢化の進展に伴い、認知症の人はさらに増加　2012（平成24）年 462万人（約7人に1人）⇒（新）2025（平成37）年 約700万人（約5人に1人）
- 認知症の人を単に支えられる側と考えるのではなく、認知症の人が認知症とともによりよく生きていくことができるような環境整備が必要。

新オレンジプランの基本的考え方

認知症の人の意思が尊重され、できる限り住み慣れた地域のよい環境で
自分らしく暮らし続けることができる社会の実現を目指す。

- 厚生労働省が関係府省庁（内閣官房、内閣府、警察庁、金融庁、消費者庁、総務省、法務省、文部科学省、農林水産省、経済産業省、国土交通省）と共同して策定
- 新プランの対象期間は団塊の世代が75歳以上となる2025（平成37）年度だが、数値目標は介護保険に合わせて2017（平成29）年度末等
- 策定に当たり認知症の人やその家族など様々な関係者から幅広く意見を聴取

七つの柱

①認知症への理解を深めるための普及・啓発の推進
②認知症の容態に応じた適時・適切な医療・介護等の提供
③若年性認知症施策の強化
④認知症の人の介護者への支援
⑤認知症の人を含む高齢者にやさしい地域づくりの推進
⑥認知症の予防法、診断法、治療法、リハビリテーションモデル、介護モデル等の研究開発及びその成果の普及の推進
⑦認知症の人やその家族の視点の重視

図2　認知症施策推進総合戦略（新オレンジプラン）
（出典：厚生労働省　認知症施策推進総合戦略（新オレンジプラン）、https://www.cas.go.jp/jp/seisaku/ninchisho_taisaku/dail/siryoul.pdf）

した様々な関係者からも意見聴取し、議論を経てとりまとめられたものである。認知症はだれもがなりうるものであるとして、「認知症の発症を遅らせ、認知症になっても希望を持って日常生活を過ごせる社会を目指し認知症の人や家族の視点を重視しながら「共生」と「予防」を車の両輪として施策を推進すること」を基本的考え方としている。なお、ここでいう予防とは、「認知症にならない」という意味ではなく、「認知症になるのを遅らせる」「認知症になっても進行を緩やかにする」という意味である。

　認知症施策の取組の結果として70歳代での発症を10年間で1年遅らせることを目指す。以下の5つの柱に沿った施策を推進している。①普及啓発・本人発信支援、②予防、③医療・ケア・介護サービス・介護者への支

援、④認知症バリアフリーの推進・若年性認知症の人への支援・社会参加支援、⑤研究開発・産業促進・国際展開。

　具体的な施策の例は、①普及啓発・本人発信支援では、企業・職域での認知症サポーター養成の推進、②予防では、高齢者が身近で通える「通いの場」の拡充、等がある。また、個々の施策には関係省庁及び重要業績評価指標（KPI）が定められている。KPI は 2025 年を期限とし、毎年進捗確認がなされている。施策のリストは首相官邸「認知症施策推進関係閣僚会議[6]」に KPI の進捗評価とともに掲載がある。

▍ 自治体、地域の取組

● 認知症ケアパス

　認知症ケアパスは個人と自治体の 2 つの側面がある。前者は、個々の認知症の人の状況を踏まえ、地域の支援・サービスをどのように活用し、どのような生活を送っていくかという「個々の認知症ケアパス」であり、後者は自治体で作成する地域のサービスや支援を整理した「地域の認知症ケアパス」である。地域の認知症ケアパスは様々な関係者が今ある社会資源をいかに活用するかを考えるツールにもなる。認知症ケアパスの構築はオレンジプランの基本目標とされ、認知症施策推進大綱に引き継がれている[7]。

● 認知症初期集中支援チーム

　認知症初期集中支援チームは複数の専門職（専門医と保健師、看護師、作業療法士、社会福祉士、介護福祉士等）により構成され、認知症が疑われる人や認知症の人及びその家族を訪問し、初期の支援を包括的・集中的（おおむね 6 か月）に行い、自立生活のサポートを行うチームをいう。地域包括ケアセンター等に配置されている。新オレンジプランによって始まり、2014 年度から介護保険の地域支援事業の対象となった。2019 年時点で全市町村に設置されている[8]。

● 認知症サポーター

　認知症に対する正しい知識と理解を持ち、地域で認知症の人やその家族に対して自分ができる範囲で活動する人であり、認知症サポーター講座を受講してサポーターとなることができる。全国の各自治体に事務局があり、事務局は認知症サポーターを計画的に養成し、その活動状況を把握したうえで、認知症になっても安心して暮らせるまちづくりにつなげることが期待されている。認知症サポーター養成講座は、地域住民、金融機関やスーパーマーケットの従業員、小・中・高等学校の生徒など地域の様々な人たちが受講している。認知症サポーターは2022年9月時点で1,405万人を超えた。[9]

▍介護サービスにおける認知症への対応の促進

　2021年の介護報酬改定において、地域包括ケアシステムの推進の1つとして認知症への対応力向上に向けた取組の推進が挙げられた。具体的には、従来の通所介護、地域密着型通所介護における認知症加算を、訪問介護にも拡げた認知症専門ケア加算が新設された。また、在宅の認知症高齢者の宿泊ニーズに対応するため、多機能系サービスに認知症行動・心理症状緊急対応加算が新設された。さらに、介護に関わる全ての者の認知症対応力を向上させていくため、介護サービス事業者に、介護に直接携わる職員のうち、医療・福祉関係の資格を有さない者について、認知症介護基礎研修を受講させるために必要な措置を講じることが義務づけられた。

　医療と介護の連携の推進を図り、認知症グループホームにおける医療ニーズへの対応強化として、算定要件に人工呼吸器の使用や中心静脈注射を実施している状態等の医療的ケアが追加された。また、居宅介護支援で医療と介護の連携を強化する観点から通院時情報連携加算が新設された。

　その他、地域の特性に応じた認知症グループホームの確保のために、ユニット数の弾力化及びサテライト型事業所の基準を創設したり、ADL（日

常生活動作）維持加算に認知症対応型通所介護を追加したりといった取組がある。

介護の担い手の負担と介護予防への取組

・・・

▌介護の担い手の負担――インフォーマルケア

　令和4年版高齢社会白書によれば、要介護者等からみた主な介護者は、5割強が同居人であり、その続柄を見ると、配偶者が23.8%、子が20.7%、子の配偶者が7.5%である。自身の配偶者の場合、男女ともに7割以上が60歳以上であり「老老介護」が多く行われている。男女別では男性が35.0%、女性が65.0%と女性が多い。

　要介護者の要介護度が上がるにつれ、同居している主な介護者の介護に要する時間は長くなる。要介護4では45.8%、要介護5では56.7%が「ほとんど終日」介護している。介護を理由に離職する者は毎年10万人程度いるとされる。これらは、介護保険による介護サービス利用をフォーマルケアと捉えると、インフォーマルケアに当たる。

　中部らの報告によると、介護時間を費用に換算したインフォーマルケアのコストは、自宅でのケアが最も高く、認知症グループホームが最も低い（**図3**）。これは認知症を含む要介護者全体からのコスト算出ではあるが、認知症グループホームの定員が限られている状況では、自宅で介護を受けている認知症高齢者が相当数いると考えられる。認知症の症状があると要介護度が重く判定されることもあることから、認知症の人のケアはより重荷になりかねない。オレンジプランに掲げられた認知症の人が「できる限り住み慣れた地域のよい環境で自分らしく暮らし続ける」こととインフォーマルケアの負担が

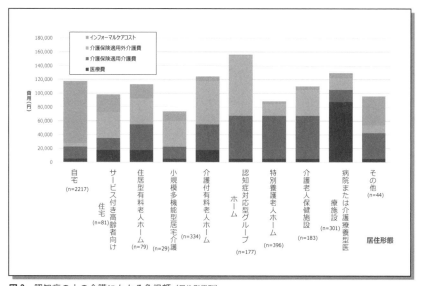

図3　認知症の人の介護にかかる負担額（居住形態別）
（出典：Nakabe、T.Sasaki、N.Uematsu、H.Kunisawa、S.Wimo、A.Imanaka、Y. The personal cost of dementia care in Japan: A comparative analysis of residence types. Int J Geriatr Psychiatry. 2018; 33: 1243– 1252. https://doi.org/10.1002/gps.4916 から作成）

トレードオフにならないよう、フォーマルケア（2021年改定で訪問介護にも認知症専門ケア加算が新設された）と地域の諸組織の連携による介護負担軽減への対策が急務である。

▍介護予防──市区町村の取組

平成28年版厚生労働白書によれば、高齢期における自分の健康について感じる不安の最も多い回答が体力の衰え（67%）であり、次いで重い病気にかかること（61%）、認知症になること（54%）、要介護になること（53%）が後に続いた。認知症や要介護への不安が大きいことが察せられる。さらに高齢者の健康づくり・介護予防を促す取組に望むこととして、運動ができる施設整備（47%）、健康診断等の受診勧奨と受診後の健康指導（41%）、効果的な広報（31%）、社会活動に参加しやすい仕組み（20%）等が上位にあった。

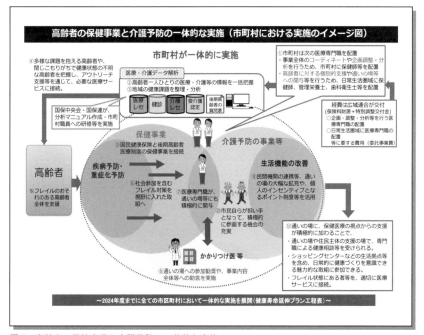

図 4　高齢者の保健事業と介護予防の一体的な実施
（出典：厚生労働省　介護予防の取組強化・推進のための市町村マニュアル、https://www.mhlw.go.jp/content/000933279.pdf）

　介護保険制度では、要介護・要支援状態になるおそれのある者を対象とした介護予防事業等が実施されている。介護予防事業等は市町村が行う取組であり、一部では取組の効果が現れてきているが、取組が困難な市町村もあるため、2022 年に「介護予防の取組強化・推進のための市町村マニュアル及び資料集」が公開され、どのようなプロセスを辿ると改善の方向に向かうのかが改めて示された。このマニュアルでは介護予防事業について、「医療、介護、保健等のデータを一体的に分析し、高齢者一人ひとりを必要なサービスにつなげていくとともに、社会参加を含むフレイル予防等の取組まで広げていく観点から、住民に身近な立場である市町村が中心となり、健康課題にも対応できるような通いの場や、通いの場を活用した健康相談や受診勧奨の取

組の促進等、保健事業と介護予防との一体的な取組」を推進している **（図４）**。

　先に挙げた介護予防の取組に望むこと〈健康診断、広報、社会参加があったが、これらは介護予防事業の範疇である。また認知症になった後のケアの詳細（認知症ケアパスや認知症初期集中支援チーム等）や社会支援（認知症サポーター等）を示すことで、認知症や要介護への不安を軽減できるようになっていけば「住み慣れた地域のよい環境で自分らしく暮らし続けること」へ一歩近づくのだろうと予想する。

 認知症対策事業や介護予防事業の実例

・・・

　認知症施策推進大綱にて好事例を収集し全国へ横展開することが求められている。認知症対策事業や介護予防事業の実例については、厚生労働省のウェブサイトに多く紹介されている[11]。

　認知症の人が社会とかかわることをサポートする事業では、認知症サポーター、認知症カフェ、認知症の人の社会参加の支援等の実例が載っている。これらの実例は介護事業所、NPO、企業での取組であり、地域の人たちや自治体の協力を得ながら、どのように運営しているかが簡潔にまとめられている。

　このうち認知症の人の社会参加の支援の事例では、主に通所介護の中で認知症の人が本人の希望や特性を活かした「役割や仕事」を行い、社会とつながる事業が紹介されている。「役割や仕事」が広がり、積極的な社会振興をしていくために会社を設立した例等も紹介されている。

　自治体における認知症の「予防」に資する取組事例集では、手引きとともに各自治体の、取組を推進するにあたり工夫している点、市民からの評判、

取組のポイントなどが載っている。主な取組は、認知症カフェや運動教室、
認知症の講演会や相談会等である。

（後藤　悦）

◆参考文献

1. 厚生労働省「みんなのメンタルヘルス　認知症」、https://www.mhlw.go.jp/kokoro/know/disease_recog.html
2. 国立社会保障・人口問題研究所「日本の地域別将来推計人口（平成30（2018）年推計）」、https://www.ipss.go.jp/syoushika/tohkei/Mainmenu.asp
3. 厚生労働省「認知症の人の将来推計について」、https://www.mhlw.go.jp/content/000524702.pdf
4. 厚生労働省「認知症施策検討プロジェクトチーム　設置要綱」、https://www.mhlw.go.jp/stf/houdou/2r9852000001wddm.html
5. 厚生労働省「認知症高齢者等にやさしい地域づくりに係る関係省庁連絡会議資料」、https://www.mhlw.go.jp/file/05-Shingikai-12301000-Roukenkyoku-Soumuka/0000031337.pdf
6. https://www.kantei.go.jp/jp/singi/ninchisho_kaigi/index.html
7. 認知症ケアパス 作成と活用の手引き、https://www.ncgg.go.jp/ncgg-kenkyu/documents/CarePath_2020.pdf
8. 認知症初期集中支援チーム、https://www.mhlw.go.jp/content/000839130.pdf
9. 認知症サポーターキャラバン、https://www.caravanmate.com/
10. 内閣府「令和3年版高齢社会白書」、https://www8.cao.go.jp/kourei/whitepaper/w-2021/html/zenbun/index.html
11. 認知症施策関連ガイドライン（手引き等）取組事例、https://www.mhlw.go.jp/stf/seisakunitsuite/bunya /0000167700_00002.html

Chapter 10

地域包括ケアシステムをひろげる
──コミュニティレベルの互助

･･･

キーポイント

- 認知症を本人と介護者の閉じた問題にしない。血縁関係などによる「自助」に依存しすぎず、気づいた隣人（地域住民、民生委員、地域包括支援センター職員、ソーシャルワーカー、医療関係者ほか）が地域の相談窓口へつなぐなど、少しずつ無理のない範囲で「互助」する仕組みが求められる。相談窓口はわかりやすく一元化し、ワンストップで各種医療機関、専門家やサービスにつながることが望ましい。

- 全世代において、認知症のみならず、セルフネグレクトや社会的孤立など様々な課題をもつ人びとを、コミュニティの中で放置しないことが地域共生社会への鍵となる。

- 認知症の人とその家族、さらに全世代で複合的な課題を持つ人々を効果的に支援するためには、住居、生活、金銭管理、医療、介護など、生活のあらゆる側面へ対応できる制度オプションと、それを実現できる多職種連携体制が望まれている。当事者とその支援に係わる人々が、ともに前向きにエンパワーされる関係づくり、また地域で事例相談を行いやすい場づくりが求められている。

地域共生社会を実現するための地域包括ケアシステム

　認知症を発症しても生きやすい社会とはどのような社会だろうか。認知症施策推進大綱（2019）において、「共生」は、「認知症の人が尊厳と希望を持って認知症とともに生きる、また認知症があってもなくても同じ社会でともに生きる」ことを目指している。

　一方で、認知症の人だけでなく、いろいろな事情で社会での生きづらさを抱える人は全世代にわたる。改正社会福祉法（2018）では、認知症・高齢者に限らず、支援を必要とする住民（世帯）が抱える多様で複合的な地域生活課題の解決を目指し、障害者、生活困窮者なども含む「全世代・全対象型地域包括支援体制」による「地域共生社会」を掲げている[1]。

　地域包括ケアシステムは、これまで「高齢者」を対象に、重度の介護状態となっても住み慣れた地域で自分らしい暮らしを人生の最後まで続けることができる住まい・医療・介護・予防・生活支援を一体的に提供するシステムを目指してきたが、今後は「全世代」へと対象を拡大し、地域共生社会を実現する基盤となっていくと位置づけられる[1]。

▎ 地域包括ケアシステム：対象者ニーズの拡大にどう対応できるか

　地域包括ケアシステムは改正介護保険法（2010）で国・地方公共団体による推進が規定され[1,2]、その概念は、「介護・リハビリテーション」「医療・看護」「保健・予防」「福祉・生活支援」「住まいと住まい方」という5つの構成要素と「自助・互助・共助・公助」の4つの方法により、都市や地方など「それぞれの地域の特性にあったより具体的な施策を実施していくことが重要」と整理される[3]。

　地域包括ケアシステムとしての独自の取組みや先進事例は、これまで全国各地で報告されてきた。しかし、近年では平均的な高齢者像で語れない多

様性と経済格差 / 健康格差 / 地域格差の時代に突入しているため、一方的な
サービス提供ではなく、住民・利用者とサービス提供者が、支えられる側と
支える側という関係性を超えた、新たな参加・協働のプロセスをとる地域デ
ザインが求められている。[4]

▌生活のニーズを視野に入れた認知症施策の動き

　認知症に関しては、医療・介護のみでなく、日常の暮らしを支える小売・交
通・金融・生活サービス等の幅広い事業者の主体的な参画を視野に、日本認
知症官民協議会（2019）、地方版認知症官民協議会（2021）が設立され、認知
症バリアフリーを目指した役割分担や連携の動きが官民協働で進行している。[4,5]

　誰もがいきいきと生活できる社会は、2020 年の介護保険制度改正でも掲げ
られる「全世代型社会保障」に通じる。具体的には、認知症／高齢者のみな
らず、精神疾患や経済的な困窮を含む、あらゆる困難を抱える社会的弱者を
包摂し、「共生」できる社会である。そのような社会は、これから日本を追う
ように高齢化していく世界の各コミュニティでの発展的応用にもつながる。

どのような人々にとって、どのように制度が利用しにくいのか

　ところで、現代社会で生きづらくなっている人々、現行の社会保障制度で
カバーされにくい人々や世帯についての具体的な特徴やニーズについては、
まだ不明な点が多い。

　本稿では「医療における高齢者の経済的な保護」に関する調査研究（2021
年 WHO 神戸センター受託研究：研究代表者 今中雄一）を通じて明らかと
なった 2 つの課題：①複合的な課題をもつ個人および世帯の実態、および②
各種支援制度の利用しにくさについて、結果を一部紹介する。[6]さらに、③自

助・互助の実践主体および共助・公助とのバランスについて考察する。

▌ 各種支援制度から取り残されやすい世帯や個人の特徴

　本調査は関西6府県の1,121病院および自治体、社会福祉協議会、地域包括支援センターの3種計1,351機関に勤務する社会福祉担当者（各々Medical Social Worker: MSW， Social Worker: SW として集計）を対象に質問紙調査を配布し（2021年10月〜2022年2月）、医療費の支払いに困難を覚える個人・世帯の実態につき調べた。以下の結果は、回答者553名を解析対象としたものである。[6]

● 取り残されやすい「世帯」の特徴

　　社会福祉担当者が相談を頻回に受ける世帯メンバーの背景の特徴は、

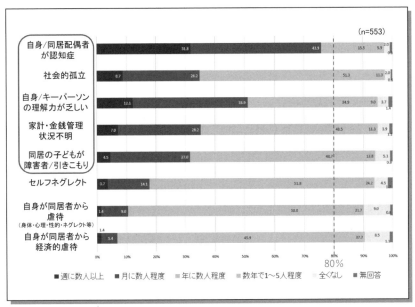

図 I　相談の多い利用者世帯の社会的背景（出典：参考文献6）

「自身 / 同居配偶者が認知症」を筆頭に、「社会的孤立」「自身・キーパーソンの理解力が乏しい」「家計や金銭管理状況が不明」「同居の子どもが障害者・引きこもり」「セルフネグレクト」の順で多く、支援者とコミュニケーションを取りにくい事情があることが推察された**（図 1）**。

● 取り残されやすい「個人」の特徴

　また、利用者自身の特徴としては、「理解力が乏しい」（約 80％）、「いろいろな支援に対して拒否的」（約 70％）、「認知症がある」（約 65％）「精神障害がある」（30-50％）、「ニート / 引きこもりである」（10-20％）の順に多く、こちらも支援者とコミュニケーションを取りにくい事情を抱えていることが示唆された。

● 相談する人の社会経済状態から見えてくる課題

　さらに、社会福祉士に相談する人の社会経済状態としては、生活保護の未申請、介護保険料滞納、無戸籍・無保険など、医療を受ける前段階での

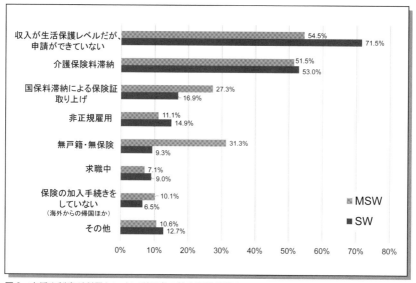

図 2　支援や制度が利用しにくい利用者の社会経済状態（出典：参考文献 6）

諸課題が明らかとなった**（図2）**。このように、各種制度から取り残され
やすい人々は、社会的・精神的課題と経済的な問題が絡み合い、また経済
面・社会面・精神面での色々な困難が、個人や1つの世帯に集中すること
も多かった。

　これらの状況を総合すると、認知症に限らず、精神的・社会的・経済的
困難について、行政による縦割りの対応ではなく、総合的な窓口で相談を
一旦受け付けた上で、各課題の対処が可能な専門職につなげたり、各専門
職とその他支援者がシームレスに連携をとることが可能なシステム、そし
て地域づくりが望まれているといえる。

▌ 各種支援制度の利用しにくさ

　しかし、現状では、行政の相談支援窓口は、高齢者、障害者、地域、子ど
もなどと細かく分かれており、根拠となる法律ごとに窓口が増加するなど、
利用者、福祉専門職・職員、医療関係者等の支援者ともに、どこに相談して
いいか迷うことが多い**（表Ⅰ）**。

　結果を詳しくみると、現状の経済保護制度・政策は社会福祉専門職、利用
者ともに十分に活用されているとは言えないことも示されている。サービス
の提供が細切れだったり、諸般の申請手続きが煩雑で長時間を要することが
あるなど、全体として利用しにくくなっているといえよう。

　近年は、認知症や精神疾患を抱えた高齢者、生活困窮、ヤングケアラー、
ダブルケアラーなど、個人や世帯が抱えるニーズは多様になっている。複合
的な課題をもつ個人や世帯をどう支援するか、そのこと自体も課題である。
繰り返しになるが、行政・専門領域ともに、縦割り的なサービス提供では構
造的に対応しきれないニーズがある。今後は、各種ニーズに包括的に対応で
きる制度オプションや支援者が求められており、また国・都道府県、市町村
各レベルの政策、およびNPO法人による支援が、補完的かつ有機的につな
がることが望まれる。

分野	相談支援の機関（相談窓口）	根拠となる法律など	内容・手続き・その他
高齢者	地域包括支援センター	介護保険法（2005）	介護・生活など高齢者の地域生活に関する総合相談窓口
	居宅介護支援事業所		介護サービス計画（案）の作成など
	市区町村・福祉事務所		介護保険要介護認定申請窓、福祉・保健等の相談・手続き
医療	病院等の患者支援センター・医療相談室		患者の相談・支援窓口
	がん相談支援センター	がん対策基本法（2006）	がんに関する治療や生活全般の相談
	肝疾患相談支援センター	肝炎対策基本法（2010 施行）	
	摂食障害治療支援センター	摂食障害治療支援センター設置運営事業（2014）	
	難病相談支援センター	難病法（2015 施行）	難病患者や家族に対する各種相談・支援窓口
依存症	精神保健福祉センターなど	アルコール健康障害対策基本法（2013）	（精神障害者の総合的相談の窓口、退院請求・処遇改善など）
		ギャンブル等依存症対策基本法（2018）	
生活保護	市区町村・福祉事務所	生活保護法	生活保護の申請
生活困窮	生活困窮者自立相談支援機関	生活困窮者自立支援法（2013 成立、2015 施行）	
障害者	市区町村・福祉事務所		各障害者福祉手帳およびサービスの利用申請，相談窓口
	保健センター		健康相談・保健指導など
	保健所		精神障害者・難病患者の相談窓口
	障害者就業・生活支援センター	障害者雇用促進法（2002）	
	発達障害者支援センター	発達障害者支援法（2004）	発達障害者の専門的な相談窓口
	基幹相談支援センター	障害者総合支援法（障害者自立支援法）（2006）	身体・知的・精神障害者（児）・難病の包括的な相談支援窓口
	高次脳機能障害情報・支援センター	障害者総合支援法（障害者自立支援法）（2006）	高次脳機能障害者への相談窓口
	精神保健福祉センター		精神障害者の総合的相談の窓口、退院請求・処遇改善など
地域	社会福祉協議会		福祉のまちづくりへの推進活動
	（市区町村など）	自殺対策基本法（2002）	
		いじめ防止対策推進法（2013）	
	配偶者暴力相談支援センター	配偶者暴力防止法（2001）	
	ひきこもり地域支援センター	ひきこもり地域支援センター設置運営事業（2009）	ひきこもりに関する相談窓口
子ども・家庭	市区町村・福祉事務所		福祉全般についての相談窓口
	児童相談所		子どもに関する総合相談・支援の拠点 / 児童施設入所の判定など
	子ども家庭総合支援拠点	市町村子ども家庭総合支援拠点設置運営要綱（2017）	
	子育て世代包括支援センター	成育基本法（2019 施行）	妊娠から子育て期の相談支援窓口
	母子家庭等就業・自立支援センター	母子家庭等就業・自立支援事業（2020）	
	婦人相談所		女性が抱える様々な問題に関する相談業務
	配偶者暴力相談支援センター		配偶者等からの暴力に悩んでいる人の相談窓口

表 1　生活課題に対応するために設けられた「相談支援」窓口の例（出典：参考文献 7 を参考に筆者作成）

▌地域包括ケアシステムにおける自助・互助の障壁

　地域包括ケアシステムにおける「自助・互助」については、その概念が曖昧であることが課題で、現状の定義では誰が具体的に何をしたらよいかがわかりにくい。専門職任せになりがちな現状を改善するためには、日常生活レベルにおいて、当事者や、当事者を支える人自身に直接働きかけるエンパワメントツールなどの普及も、検討の余地があるだろう。今後の互助のあり方としては、「支える」「支えられる」関係を超えた関わりを意識的に強化し、寄り添うための知恵や実践経験を豊富に蓄積する関連 NPO 法人も地域の重要なアクターと位置づけ、相談者が容易に相談しやすい環境を整備していくことが期待される。

事例から考える望ましい支援と社会のあり方
～地域での「共生」に向けて～

▌某市福祉課職員が日常的に経験する風景
　～認知症 × 経済的虐待のある世帯の事例～

　認知症のＡさんが行き場を失っていると連絡を受け、福祉職員Ｂ氏が現場へ急行する。本人をまず自治体で保護し、その断片的な記憶をもとに警察と連携して自宅を探し出す。同居家族（娘・息子）、近所の人らの情報を総合すると、Ａさんは普段、同居家族から経済的虐待を受けているようだ。状況が深刻な場合は本人を自宅に返さずに保護して施設などを紹介し、世帯分離へつなげることがある。経済的虐待世帯では、家族（加害者）が本人（被害者）の年金を生活の資金としていることが多い。本人を保護しようとすると、家族からは行政へ非難が向けられる。家族に悪気がないことも多く、対

応が難しい。

▌ 現実的な支援のあり方とは？

　本事例に代表される事例に対して、福祉担当者等が家族に一方的かつ一時的に「啓発」することは、解決につながる有効な方法と言えるだろうか？誰に、何を、どうしてもらうのがよいのか、どのような介入方法が適切かなど、関係者ごとに具体的な支援方法を検討することが望まれる。各種の理論的枠組みを応用した実践方法について指導する教科書もあるが、現場では、専門職や関連チームがその都度判断し、体系的な対応がしにくいことも多い。行政の縦割りの弊害や各種専門職間の連携の障害、担当した専門職の資質などによっても、得られる成果は異なる。虐待をしている家族だけでなく、虐待されている本人自身が一切の支援を拒否する場合があり、担当職員や専門職が関わりの糸口さえ見つけられないこともある。

　また、従来の課題解決型対策では、課題が同定できることが大前提だが、現場レベルでは課題自体を明確化することに時間を要したり、課題が複雑すぎて同定しきれない、同定できても解決策が容易にみつからないこともある。複雑な課題に対応する支援者側でも、個人レベルでは対処しきれないことも多い。適切な専門職や支援者のチームが、即時的な解決を目指すのではなく、それなりに必要な時間をかけて、寄り添いながら徐々に状況の改善を目指す「伴走型支援」と、「課題解決型支援」の両輪が求められている。[10]

▌ 国・自治体による先進的取組みの例

　近年、行政の縦割り解消のためのワンストップサービスや、制度の狭間に陥りやすい人々や世帯へのアウトリーチ活動などが注目されている。[6,7]

● 「地域あんしん支援員設置事業」（2014 〜京都市）
　福祉的な支援が必要だが対応する公的制度がない人、支援を拒否する人、

複合的な課題をかかえる世帯などに対し、支援者が出向き（アウトリーチ）、寄り添い、本人の「変わりたい」「やり直したい」意欲を支える取組

●「市民生活相談課」（消費生活センター）（野洲市）

　　生活困窮者自立支援につき、相談者のニーズに応じて、課や分野の縦割りを越えて情報共有およびサービス提供を行う取組（ワンストップサービス）

● 地域自立支援協議会 部会設置（2020 〜大阪市）

　　大阪市各区で設置された地域の障害福祉関係機関、当事者・家族などによる多職種連携・議論の場

●「高齢者あんしん生活支援事業」（2005 〜東京都足立区福祉協議会）

　　身寄りのない高齢者が入院、施設入居、民間の賃貸住宅入居の際に身元保証を支援する取組

● 重層的支援体制整備事業（2021 〜厚生労働省）

　　市町村が子ども・子育て、生活困窮者自立支援、介護保険、生涯福祉等の分野や対象者を超えて、「断らない相談」「参加支援」「地域やコミュニティにおけるケア・支え合う関係の育成支援」を一体的に展開するもの

　地域共生社会を実現するためには、地域包括システムの一環として、上記のような取組を全国展開できることが望ましい。当事者、市民、そして専門職などの意見を掬い上げ、サービスを利用する際の障害を不断に見える化して、政策関係者とその改善提案などにつき、オープンかつ定期的に議論できる場を設けることが重要である。また、情報を共有しやすい IT インフラ基盤の整備も求められている。トップダウンの動きとボトムアップの動きが補完的に機能すれば、重要な制度・政策へのアクセスが改善し、より多くの人にとって使いやすいものになるだろう。

（佐々木　典子）

◆参考文献

1. 三菱 UFJ リサーチ＆コンサルティング株式会社「地域包括ケア研究会 報告書―2040 年に向けた挑戦―」、2017
2. 厚生労働統計協会「厚生の指標増刊　国民の福祉と介護の動向 2021/2022」第 68 巻第 10 号
3. 地域包括ケア研究会「地域包括ケア研究会報告書〜今後の検討のための論点整理〜」、2009、https://www.mhlw.go.jp/houdou/2009/05/dl/h0522-1.pdf
4. 三菱 UFJ リサーチ＆コンサルティング株式会社「地域包括ケアシステムの深化・推進に向けた制度やサービスについての調査研究報告書　地域包括ケア研究、2040 年：多元的社会における地域包括ケアシステム―「参加」と「協働」でつくる包摂的な社会―」、2019
5. 特定非営利活動法人 地域ケア政策ネットワーク「認知症バリアフリー社会の実現等に関する調査研究事業報告書」、2020
6. 京都大学 大学院医学研究科 社会健康医学系専攻 医療経済学分野 編『複合課題をもつ世帯　周縁化された人々への支援にはどのような制度・対策が必要か？〜誰一人取り残さない支援へのチャレンジ〜 WKC（WHO 神戸センター）フォーラム開催記録』、2022
7. NPO 法人日本医療ソーシャルワーク研究会編『2021 年度版医療福祉総合ガイドブック』医学書院、2021
8. 松繁卓哉『地域包括ケアシステムにおける自助・互助の課題 (総説)』61(2)、pp.113-118、保健医療科学、2012
9. 安梅勅江『みんなで元気に！エンパワメントのコツ 18 条。エンパワメント研究教育フォーラム』、2021
10. 奥田知志・原田正樹編『伴走型支援―新しい支援と社会のカタチ』有斐閣、2021

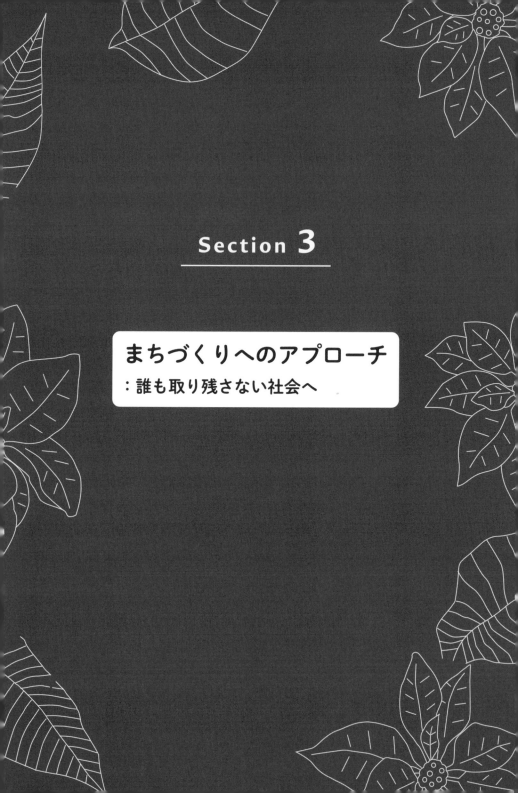

Section **3**

まちづくりへのアプローチ
：誰も取り残さない社会へ

Chapter 11

情報をやさしく伝える
——コミュニケーションのためのポイント

··

キーポイント

- 認知症を抱える人が社会進出する際、いくつかの課題が生じる。特に、「社会進出に必要となるサービスの提供に関する情報」や「日常生活を送るための情報」などの収集が高齢者や認知症を抱える人には難しい状況である。その解決策の１つは、IT/IoT を用いた社会におけるコミュニケーションの実現である。

- ICT 利活用に関する政策・取組として、社会・経済的課題の解決につながる ICT の利活用の促進、データ流通・活用と新事業の促進、誰もが ICT による利便性を享受できる環境の整備が必要である。「誰一人取り残されない」デジタル化を実現するためには年齢や地理的条件などによるデジタル格差を是正することが必要である。

- 具体的な望ましい姿や理想とする姿としては、①情報提供においては、広範な配信が行われている、②適切な情報を適切なタイミングで提供している、③話しかけ等のソーシャルネットワークが存在する、④情報提供の際のフォーマットやデザインのユーザビリティが高い、⑤適切に情報テクノロジーの利害がコントロールされている、⑥利用者と提供者ともに責任をもって対応している、⑦認知症の本人による情報発信をする仕組みができている、⑧認知症の本人だけでなく、家族や介護者の負担軽減が実現できている等である。

我が国の情報化の流れ

・・・

▌ 情報化に関する政策の取組

　総務省の情報通信白書によると、日本の情報通信技術はこの50年間に高度化しサービスも多様化している。例えば、1973年の主なコミュニケーションツールが加入電話であったのに対し、現在では携帯電話が普及しメールやSNSなどのサービスも普及している。また、映像の視聴手段もアナログ方式の地上放送をテレビで視聴していたのに対し、現在は衛星放送、CATV放送の視聴が可能で4K・8Kでの映像やインターネット動画配信サービスをモバイル端末で視聴することも可能となった。さらに近年では新型コロナウイルス感染症の拡大に伴い、テレワーク、オンライン学習、オンライン診療等非接触・非対面での生活様式を可能とするICTの利活用が一層進展しており、ICTはあらゆる社会経済活動を支えるインフラとなっている。

　そうした中、総務省におけるICT政策の取組状況として、総合的なICT政策の推進として、地方からデジタルの実装を進め、地方と都市の差を縮めることを目指している。今後の日本における展望としては生産年齢人口の減少による労働力の不足に対しICTによる労働生産性の向上とテレワークなどによる労働参加率の向上に貢献すること、地域経済の縮小に対しICTによる地域活性化を行いオンライン医療・教育等地方に居ながら都会同様のサービスを享受可能とすることで地方の定住人口の拡大に貢献することなどがある。

▌ 情報化において留意すべき対象者

　ICT利活用の推進では、ICT利活用が進展する一方で、年齢や地理的条件などにより、インターネット利用率に差異がみられるが「誰一人取り残さ

れない」デジタル化を実現するためには年齢的・地理的条件などによるデジタル格差を是正することが必要である。例えば、デジタル活用の動向において、インターネット利用率は13歳から59歳までの各階層で9割を超える一方、60歳以降年齢階層が上がるにつれ利用率は低下する傾向である。一方、インターネットを利用する12歳以上の約75％がインターネットの利用時に何らかの不安を感じており、その内容は個人情報等の漏洩の割合が最も高い。

　このような情勢の中において、情報通信における我が国の政策・取組としては、インフラに関して、情報通信ネットワークの安全性・信頼性の確保、テレワークのセキュリティに関する取組、トラストサービスに関する取組、無線LANセキュリティに関する取組、クラウドサービスの安全性確保に関する取組、セキュリティ人材の育成に関する取組、「サイバーセキュリティ統合知的・人材育成基盤」の構築、地域に根付いたセキュリティコミュニティの形成促進、国際連携に関する取組がある。ICT利活用に関する政策・取組として、社会・経済的課題の解決につながるICTの利活用の促進、データ流通・活用と新事業の促進、誰もがICTによる利便性を享受できる環境の整備が必要な状況である。

認知症を抱える人が社会進出にあたり直面し得る課題

・・

　高齢者や認知症を抱える人が社会進出する際に以下のようないくつかの課題が生じてくる。各課題についての改善事例については、次節で紹介しているので参照されたい。

① 　社会進出に必要となるサービスの提供に関する情報や日常生活を送るための情報などの情報収集が高齢者や認知症を抱える人にとって難しい。

②　医療提供を受けた際の情報を家族と共有することが難しい。特にそもそ
もの認知症に関する情報収集についても難しい状況である。

③　外出による行方不明のリスクは増加しており、介助者による捜索の負担
や事故などの発生が懸念される。

④　従来認知症を抱える人への取組として認知症カフェが設置されることが
あるが、運営資金の確保や人材不足、送迎にかかる負担などの課題が残っ
ている。

認知症への対応をめぐる情報化の具体的な取組の例

前節で示されたいくつかの課題について、IT や IoT などの新たな技術を
利用して対応した事例を紹介する（各事例は令和 4 年 12 月 1 日現在の状況）。

▌ 事例①　大阪市認知症アプリ・認知症ナビ[2]

市民の認知症予防や、認知症の早期発見・早期対応を支援するために、大
阪市では認知症に関する情報を集約した、公式アプリ「大阪市認知症アプ
リ」・公式ウェブサイト「大阪市認知症ナビ」を提供している **(図1)**。この公
式アプリや公式ウェブサイトは認知症の方だけでなくその家族や支援者も無
料で利用することが可能であり、その機能は大きく 6 種類で構成されている。

● 機能①

認知症の状況に応じ、どこへ相談すればよいか、どのような支援がある
かなど医療や介護についての情報を集約し掲載している。本人・家族向け
の情報としては、認知症の基礎知識、治療・予防法、認知症の方との接し

方や症状についての情報が詳細にまとめられている。また相談窓口についても、住まいの地区を選択すると、その区ごとの情報が集約されており、身近で利用可能な支援情報を簡易に入手することができる。そのほか支援者に対しても認知症の基礎知識や相談機関、研修等に関する情報を提供している。

● 機能②

イベント情報の掲載である。市民向けの講座や相談会、専門職向けの研修など、身近な地域で実施されているイベント情報の詳細やチラシなどを確認することができる。さらに認知症アプリではプッシュ通知で必要な情報を受け取ることが可能である。

● 機能③

自身で簡単にできる認知症の気づきチェックリストの掲載である。簡易

図 I　大阪市認知症ナビトップ画面、アプリのトップ及び操作画面
（出典：大阪市認知症ナビ https://www.osaka-ninchisho.jp/osakan/ 一部改変）

的に認知機能や社会生活に支障が出ている可能性があるかを確認できることで、必要時には医療機関に相談するなど早期に認知症に対して介入することが可能となる。

● 機能④

　認知症予防につながる生活習慣や地域の取組の紹介である。

予防のための体操動画や、健診情報なども掲載されている。

● 機能⑤

　認知症サポーター情報の掲載であり、サポーター養成講座やフォローアップ講座等に関する情報が掲載されている。

● 機能⑥

　最寄りの認知症の相談窓口や医療機関、介護・福祉施設などを現在地や種類からマップで探すことができる認知症支援マップである。

　これまで紹介した相談窓口やイベント情報などを大阪市のマップ上にピンで印付けすることで、最寄りでどのような支援が行われているのかを簡易に確認することができる。

　大阪市ではこのように認知症患者やその家族が必要とする情報を「大阪市認知症アプリ」「大阪市認知症ナビ」の中に集約することで、患者やその家族のサポートを行っている。このように、自治体がアプリを提供することにより、公的なサービスの情報が的確に高齢者や認知症を抱える人、その家族へ提供されることが期待される。

▌事例②　認知症を抱える人の外出支援ツール[3]

　高齢化社会の進行に伴い、認知症を抱える高齢者が増加している中、認知症がかなり進行しない限り外出することは健康面等において必要である。しかし、認知症が進行するにつれ外出による行方不明のリスクは増加し、介助者には徘徊による行方不明を簡便に防ぐ方法を有していることは重要となる。

　こうした状況において、茨城県神栖市、青森県むつ市、愛媛県大洲市等で

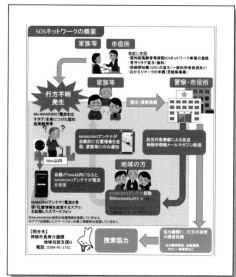

図2　神栖市の認知高齢者等徘徊SOSネットワーク事業の概要図
（出典：神栖市 認知症高齢者等徘徊 SOSネットワーク「MAMORIOアンテナ」での協力方法、https://www.city.kamisu.ibaraki.jp/iryo_fks/korei/1002175/1002033.html）

は徘徊による事故防止、介助者の負担の軽減のため ICT を活用し、行方不明時に早期発見できる体制を構築し、認知症の人と共生するまちづくりの推進のため「Me-MAMORIO」という外出サポートツールを用いている**（図2）**。

　これは、持ち物等にタグをつけた認知症の人が、見守り協力者（専用アプリを入れたスマホを有する周辺住人）の一定の距離に近づくと、タグの位置情報がサーバーに送られ、専用アプリを入れたスマホを持つ介助者に送信される。その位置情報から所在場所がわかり、行方不明になる前に保護することが可能となるもので、希望者等には貸与料を市が負担し無償貸与している自治体もある。

　また、一般市民に対して、端末を用いた徘徊模擬訓練の実施や認知症サポーター養成講座、日常業務の中で、できる範囲で発見に協力してくれる事業所の募集などとともに、市民の協力の一つとして、アプリのダウンロードを呼び掛けるなど、認知症の啓発としても活用している。

▌事例③　ICT コミュニケーションツール「わすれなびと」[4]

　認知症の患者はそれぞれ原因や症状が異なるため、個々人ごとに対応を調整することが重要であり、マニュアル的な対応では限界がある。そのため医師は診療の場で患者や家族の日常の様子を正確に把握することが重要であるが、外来診療で患者一人にかけられる時間は限られており、十分な情報収集ができないのが現状である。また、外来受診には一定の間隔が空くが、医師はその間の患者の平均的な様子や代表的な出来事を聞きたい一方で家族は直近の話に集中してしまう、患者本人の前では話しにくい内容があり情報収集の相手と場を分ける必要がある、といった課題もある。

　そのような中、東京大学医学部付属病院で実施されていた臨床研究では、

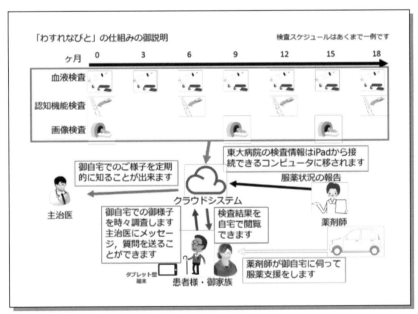

図 3. わすれなびと概念図

（出典：東京大学、エーザイ株式会社、株式会社ココカラファイン　2016 年 6 月 17 日付プレスリリース　「認知症・軽度認知障害の方やそのご家族のための ICT コミュニケーションツール「わすれなびと」の臨床研究の開始について」、https://www.h.u-tokyo.ac.jp/press/20160617.html）

ICT コミュニケーションツール「わすれなびと」として、iPad を用いて自宅にいながら、医師・薬剤師等の医療従事者と認知症患者や家族がネットワークで密につながることができる **(図3)**。このシステムにより、患者・家族は日々生じる問題を、医師と薬剤師にタイムリーに相談することが可能であり、医師以外の医療従事者がいることで、医師に聞くほどではない些細な相談もしやすくなった。また、自宅でも血液データの推移や MRI 画像を観覧できるようにし、診療情報の共有を行うことで、患者や家族の安心感へつながっている。そのほか、認知機能に関する質問を定期的に行うことで医師側も患者の日常の変化を診察前に確認でき、次回の外来診療に役立てることができる。また、患者と家族のログインアカウントを分けることで、診察時患者の前では聞きにくい情報も家族に確認でき、患者を傷つけることなく、医師と家族がコミュニケーションをとることも可能となった。なお本事業は令和4年12月1日時点ですでに終了している。

▍ 事例④　認知症カフェでの取組[5]

　認知症の方やその家族の孤立を防ぎ、様々な人との交流、悩みの相談の場として認知症カフェが各地で運営されているが、その運営を行うにあたり様々な課題も存在する。その課題とは、運営資金や専門職の人材確保、近隣でカフェの開催がない場合の送迎問題、認知症を前面に PR すると参加を躊躇する一方で他の名称で PR すると伝わりにくく周知・PR 方法が困難であることなどがある。様々な課題が存在する一方、工夫を行いながら認知症カフェを実施している成功事例も多々存在する。

　例えばその1つが、アプリ版の認知症カフェ「私の介護」である。チャット機能で認知症を介護する人同士が悩み等を匿名で共有することができ、ケアマネジャーも参加しており専門家に質問することも可能である。アプリで気軽に参加できるため、参加者同士が直接顔を合わせずに済み、近隣でカフェが開催されておらず参加が困難だったり、仕事等で参加する余裕のな

かったりした介護者も気軽に参加することが可能となった。また、物理的な開催を行わないためにコストや人員の確保についても一つの解決の形となっている。

▎ 事例⑤　認知症を抱える本人の情報発信の取組「希望大使」[6]

　本事例は、課題に対する解決事例ではなく、厚生労働省による認知症施策推進大綱における「普及啓発・本人発信支援」の一環として実施されているものである。

　認知症の診断直後は認知症の受容ができず今後に大きな不安を抱いており、認知症サポーターや各自治体による支援も重要であるが、先に診断を受けその不安を乗り越え前向きに明るく生きる、思いを共有できるピアサポーターによる心理面、生活面に関する支援も非常に重要である。認知症施策推進大綱の中で、「認知症本人大使（希望宣言大使（仮称））」という取組がある。これは、認知症の本人が体験や思いをまとめた「認知症とともに生きる希望宣言」を作成し、希望を持って前を向き自分らしく暮らし続けることを目指したもので、認知症の本人が、認知症、地域や生活、家族のことなどを発信する機会を増やし、認知症の理解を深めることにつながる。

　厚生労働省は、5人の認知症本人の方を「希望大使」として任命し、国が行う認知症の普及啓発活動への参加・協力、国際的な会合への参加、認知症とともに生きる希望宣言の紹介等の活動を行っている。その他、各自治体でも地域版の認知症希望大使を任命し、認知症の本人が自ら情報を発信している。

　高齢化社会が進むなか、認知症は誰もがなりうるものであり、多くの人にとって身近なものとなっている。認知症と診断された場合、すぐに支えられる側になるのではなく、認知症の本人も意見を発信すること、後に診断された人のための支援を行うことも今後重要である。

　そもそも、WHO は、「Global Age-friendly Cities: A Guide」の中で、望まれる姿、理想とする姿を、以下のように示している[7]。

◇ 広範な配信が行われている（事例①）

◇ 適切な情報を適切なタイミングで提供している（事例①③）

◇ 話しかけ等のソーシャルネットワークが存在する（事例④）

◇ 情報提供の際のフォーマットやデザインのユーザビリティが高い（事例①）

◇ 適切に情報テクノロジーの利害がコントロールされている（事例②）

◇ 利用者と提供者ともに責任をもって対応している（事例①③④）

　これら以外でも、上記の事例から、望まれる姿、理想とする姿として以下の項目が追加されると考える。

◇ 認知症の本人による情報発信をする仕組みができている（事例⑤）

◇ 認知症の本人だけでなく、家族や介護者の負担軽減が実現できている（事例①②③④）

（村上　玄樹、林田　賢史）

◆参考文献

1. 総務省「情報通信白書 2022」、https://www.soumu.go.jp/johotsusintokei/whitepaper/
2. 大阪市認知症ナビ、https://www.osaka-ninchisho.jp/osakan/
3. 神栖市 認知症高齢者等徘徊 SOS ネットワーク事業、見守りタグ「Me-MAMORIO（ミマモリオ）」、https://www.city.kamisu.ibaraki.jp/iryo_fks/korei/1002175/1002033.html
4. 東京大学、エーザイ株式会社、株式会社ココカラファイン「2016 年 6 月 17 日付プレスリリース、認知症・軽度認知障害の方やそのご家族のための ICT コミュニケーションツール「わすれなびと」の臨床研究の開始について」、https://www.h.u-tokyo.ac.jp/press/20160617.html
5. 名古屋大学医学部附属病院「認知症患者の介護者間コミュニケーション促進のためのアプリケーションツールを用いた臨床研究を開始 ～介護負担感の軽減とそれによる患者自身の行動・心理症状 (BPSD) の 改善 に向けて～」、https://www.med.nagoya-u.ac.jp/hospital/news/press-release/2022/02/21103154.html
6. 厚生労働省「認知症本人大使「希望大使」」、https://www.mhlw.go.jp/stf/seisakunitsuite/bunya /hukushi_kaigo/kaigo_koureisha/ninchi/kibou.html
7. World Health Organization「Global age-friendly cities: a guide. World Health Organization」、2007、https://apps.who.int/iris/handle/10665/43755

Chapter 12

健康のインフラを整備する
──ウェルビーイング・レジリエンス・データ活用

....

キーポイント

● 認知症の有無によらず、日常生活で自分らしい生活をおくることができるまちが望まれる。認知症本人の参加を得て計画を検討することもひとつの方法である。

● 生活習慣病の予防は、認知症の予防に有用である。健康的な身体活動、食生活、生活リズムの推進に加え、道路や公園、住宅、多くの人が利用する施設等の環境整備が必要である。

● 認知症の人にやさしいまちづくりに向けて関係主体が役割を果たし、世代を超えて支え合う活動のひろがりが期待される。

● 平常時だけでなく災害時や緊急時にも、認知症の本人と家族を守る必要がある。地域防災計画に、認知症本人と家族を想定した計画が反映されることが望ましい。

● まちづくりの展開にデータが活用されることが望ましい。医療、教育、環境、就労、産業・経済、行政・財政、住環境、世帯、モビリティ、都市計画、保健・福祉、所得、人口、コミュニティ、地域文化、歴史など、多様な情報が有用である。

健康を支えるまちの条件

・・・

　2030 年までに持続可能でよりよい世界を目指す国際目標として、「持続可能な開発のための 2030 アジェンダ」が 2015 年 9 月の国連サミットで採択され、「持続可能な開発目標（Sustainable Development Goals: SDGs）」への取組が行われている。SDGs では「だれひとり取り残さない」という原則が採用されている。人数が少なく目が届きにくいグループの人、何が問題かが他の人々に気づかれないままになっている人、このような人をだれひとり取り残さずに、17 の目標を達成することを目指している。

　認知症の人と家族の健康を推進するために地域で取り組むべきことについて WHO はいくつかのガイドラインを出している。そのひとつでは、生涯にわたっての脳の健康を支える条件を挙げている[1]（**図 1**）。身体が健康であり

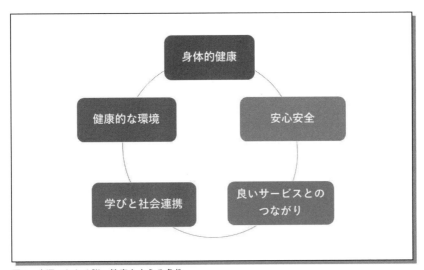

図 1　生涯にわたる脳の健康を支える条件
（出典：Optimizing brain health across the life course: WHO position paper. Geneva: World Health Organization; 2022. Licence: CC BY-NC-SA 3.0 IGO; https://www.who.int/publications/i/item/9789240054561 に基づき要点整理）

健康的な生活習慣をとっていること、大気や水や食品中の有害物質の影響を受けない健康的な環境があること、安全な環境が確保され経済的な困難に陥らないこと、学びの場があることと社会的なつながりが確保できること、質の高い医療や社会サービスを利用できること、である。

　これらの条件をまちの単位で整えていく取組は、まちづくりとして多くの関係者の参加を得て計画し、展開していくものである。

認知症の人とその家族を取り残さない

　残念ながら、認知症の人とその家族は、まちづくりにおいても後回しになる場合が多いのが現状である。SDGs の原則の観点からも、認知症の人とその家族を取り残さずに、だれも取り残さずに SDGs の達成を目指す取組が必要である。認知症の本人や家族を含めてだれも取り残さず人々が健康なまちづくりを目指すには、関係者がまちづくりの目指す姿を共有するところからの出発が必要である。「認知症にやさしいまち」「認知症に対する不安のないまち」「認知症とともに生きるまち」など何を目指すかは、まちによって異なってさしつかえない。

支え合う活動がひろがるまちの仕組み

▌ 自分らしく日常生活をおくることができるまち

　認知症の有無によらず、自分らしい日常の生活をおくる場、機会を見つけ

られるまち。独居や高齢者のみの世帯、多世代同居の世帯であっても、グループホームや施設での生活であっても、そのような機会が確保できるまちが望まれる。

　和歌山県御坊市と東京都世田谷区では、本人の声を聴き、本人とともに認知症とともに生きる、だれもが生きやすいまちを目指している。いずれの自治体も認知症関連施策に関する条例を制定しているが、このふたつの自治体では、条例策定の検討委員会に当事者本人が委員として参加している。つまり計画立案過程に当事者本人が参加し、本人でなければわからないことをふまえた上で、本人重視の誰もが生きやすいまちを目指している。ここでは、「人々の認知症観を覆す」ということが重要なテーマとなり、時間をかけてその意味を関係者が咀嚼し、市民が広く共有することを模索している。御坊市が目指すところは、だれもが生き生きと活躍でき希望をもって自分らしく暮らし続けることができるまち「総活躍のまちづくり」であり、世田谷区は「認知症とともに生きる希望計画」となっている。

▌健康増進、生活習慣病予防に、楽しみながら取り組めるまち

　認知症とともに生きるまちを目指す一方、認知症の予防に結びつく環境整備も注目される。健康増進活動全般、特に生活習慣病の予防の行動は、認知症の予防の観点と認知症の本人と家族の健康管理の観点から重要である。高齢者の特性に合わせた身体活動、健康な食生活、生活リズムに関する情報や活動の場を、身近なところに確保することは、認知症の本人と家族の健康支援に不可欠である。健康増進、生活習慣病予防に安全に取り組みやすい、道路や公園、住宅、多くの人が利用する施設等の環境整備が必要である。

　生涯にわたっての脳の健康を支える条件をふまえると、まず、「身体が健康であり健康的な生活習慣をとっていること」がだれでもできるよう、自然に楽しく取り組めるようなまちづくりが望まれる。WHO がまとめた認知症予防のガイドラインでは、最新の科学論文に基づいて科学的根拠の確からし

（身体活動）認知機能正常の成人が身体活動に取り組むことは、認知機能低下を防ぐために強く推奨される。

（禁煙治療）喫煙している成人が禁煙に取り組むことは、他の健康上の利点に加えて、認知機能低下を防ぐ可能性があるため強く推奨される。

（栄養）全ての成人が、WHO の健康食に関する推奨に準拠して健康なバランスのとれた食事をとることは、認知機能低下を防ぐために強く推奨される。

（高血圧の管理）高血圧のある成人における高血圧の管理は認知機能低下を防ぐため、現行の WHO の高血圧治療 ガイドラインの基準に従って治療を行うことが強く推奨される。

（糖尿病の管理）糖尿病のある成人が適切に服薬し適切なライフスタイルをとることによる糖尿病の管理は認知機能低下を防ぐため、現行の WHO のガイドラインの基準に従って行うことが強く推奨される。

表 1　認知機能低下および認知症を予防するために強く推奨される活動
（出典：Risk reduction of cognitive decline and dementia: WHO guidelines. Geneva: World Health Organization; 2019. License: CC BYNC-SA 3.0 IGO.より要点抜粋）

さを検討したうえで、認知機能低下および認知症を予防に向けて推奨される事項をまとめている[2]**(表 1)**。強く推奨されている事項は、生活習慣病を予防するライフスタイルを推進する活動であり、生活習慣病と診断された場合に的確な治療を継続するためのしくみづくりである。健康増進、生活習慣病予防に、楽しみながら取り組めるまちが期待される。

▌関係主体が役割を果たし世代を超えて支え合う活動がひろがるまち

認知症の人にやさしいまちづくりに向けて、関係主体がそれぞれの役割を果たし、認知症の本人と家族だけでなく、世代を超えて支え合う活動が広がることは、有意義である。多様な年代、男女の認知症サポーターが増えることが期待される。世代を超えて支えあう活動は、特定の地域に偏ることなく、まちのどこにおいても展開されることが望ましい。

愛知県大府市では、2017 年 12 月に、全国の自治体で初めて、認知症政策に関する条例として「認知症に対する不安のないまちづくり推進条例」を制定した[3]**(図 2)**。

大府市は、1987 年に「健康づくり都市宣言」を行い、個人の健康だけで

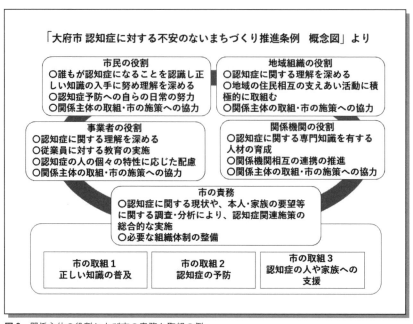

図2　関係主体の役割および市の責務と取組の例
(出典：平野陽介「大府市認知症に対する不安のないまちづくり推進条例」自治体法務研究、pp. 65-70（2018・夏）を一部改変)

なく地域社会全体で健康なまちとなることを目指す「健康都市」を都市の目標としてかかげている。その中で、認知症の予防や認知症の人にやさしいまちづくりに早くから取り組み、まちづくりにおける基本理念を整理して条例に示した。さらに、市民、地域組織、事業者、関係機関の役割と行政の責務を明示し、認知症に対する不安のないまちの実現を目指して、世代を超えて展開される活動とその相互連携が加速している。

　特に、市民の役割では、高齢者に限らずだれもが正しい知識の入手につとめることが明示され、認知症サポーター養成講座は小中学校でも開催される。条例の趣旨や主な施策を紹介するパンフレットは、やさしい日本語で編集されたパンフレットも用意され、外国人等も含めて、だれも取り残さない認知症に対する不安のないまちづくりの推進に取り組んでいる。

▌災害時、緊急時にも安全と健康を確保する準備ができているまち

だれも取り残さず人々が健康に暮らすには、平常時だけでなく、災害時や緊急時にも、認知症の人と家族の安全と健康を確保できるまちであることが望まれる。地域防災計画に、認知症本人と家族を想定した、具体的な計画が反映されることが望ましい。

我が国においては様々な災害の経験を経て、災害時要援護者の避難対策、避難支援が検討され、災害対策基本法の中に避難行動要支援者名簿規定の追加、個別避難計画の策定を市町村の努力義務とすることの追加がされている。高齢者、障害者、認知症の人のうち、災害発生時の避難等に特に支援を必要とする方の名簿を「避難行動要支援者名簿」として作成し、避難行動要支援者ごとに、避難支援を行う者や避難先等の情報を記載した個別計画を策定することが望まれている。

大分県別府市では介護支援専門員（ケアマネジャー）や相談支援専門員等の福祉専門職が当事者と相談し、さらに地域住民等の関係者が参加して災害時ケアプラン調整会議を開いて個別計画を策定する。それに基づき避難訓練を実施して計画を見直していく。ここで重要なことは、災害時のプランは、平時に利用している支援の資源や支援者と当事者の関係を理解したうえで、災害時に必要となる支援と資源がわかるようにしていくことである。平時の支援ネットワークや支援サービスが機能してはじめて、その上で、災害時にも支援を得られるようにするための計画をあらかじめ用意するということになる。いざという時に、認知症の人でもだれでもが、少しでも安全と健康を確保するための仕組みができているということである。

認知症本人と家族のニーズをふまえ、行政と、医療介護事業所、地域の組織が連携し、安全と健康を確保する計画が必要である。認知症の人と家族と地域の関係者のために特化した災害時の情報としては、多くの事例に基づく具体的な助言がまとめられた「避難所での認知症の人と家族支援ガイド」が役に立つ。[4]

▋認知症にやさしい健康まちづくりへの進捗状況を知るための情報が用意されており、まちづくりの展開にデータが活用されるまち

　「だれも取り残さず人々が健康なまちをつくる」ということでは、WHOが1987年から提唱し各国で展開されている「健康都市」の取組がある。有効なアプローチとして「最も支援が必要なひとを優先する計画」が推奨されている。認知症にやさしいまちづくりは、最も支援が必要なひとを優先するまちづくりのひとつである。

　地域単位で「認知症にやさしい健康まちづくり」に関わる数値情報または数値で表現しにくい定性的情報をとりまとめ、関係者が情報を共有して活動を展開することが望まれる。認知症の疫学に関わる情報だけでなく、医療、教育、環境、就労、産業・経済、行政・財政、住環境、世帯、モビリティ、都市計画、保健・福祉、所得、人口、コミュニティ、地域文化、歴史など、多様な情報が有用である。また、認知症の本人、家族の健康な生活に役立つ情報、各地域の取組事例に関するデータベースは、各地の地域活動の活性化につながる。

（中村　桂子）

◆参考文献
1. Optimizing brain health across the life course: WHO position paper. Geneva: World Health Organization; 2022. Licence: CC BY-NC-SA 3.0 IGO; 2022年7月、https://www.who.int/publications/i/item/9789240054561
2. Risk reduction of cognitive decline and dementia: WHO guidelines. Geneva: World Health Organization; 2019. License: CC BYNC-SA 3.0 IGO.
   （邦訳版）「認知機能低下および認知症 のリスク低減（WHOガイドライン）」2019年1月、https://www.jri.co.jp/MediaLibrary/file/column/opinion/detail/20200410_theme_t22.pdf
3. 平野陽介「大府市認知症に対する不安のないまちづくり推進条例」pp. 65-70、自治体法務研究、2018・夏
4. 社会福祉法人東北福祉会「災害時における在宅認知症者の避難所での具体的な支援方法のあり方検討委員会　避難所での認知症の人と家族支援ガイド（一般住民用）（支援者用）」認知症介護研究・研修仙台センター、2013年3月

Chapter **13**

交通サービスを立て直す
──認知症の人も含む利用者目線の ユニバーサルデザイン

キーポイント

- これからの都市計画や交通計画は、人口減少、高齢化社会を迎える中で、認知症患者を含む弱者対応へと目線を移し、心休まる空間整備へとその考え方をシフトしていく必要がある。

- 弱者に対応した都市や交通は、健常者にとっても暮らしやすく快適な空間となる。バリアフリーの考え方からさらに進んで、質と効率をも配慮したユニバーサルデザインの考え方を共有することが大切である。

- 住むことと移動することをセットで計画する必要がある。都市を拡大するのではなく、徒歩と公共交通の範囲で十分な生活ができるコンパクトなまちづくりを目指すことが求められる。

- 道路空間を自動車のためではなく、人のために再構成を行う必要がある。今後は我が国でも歩行者と公共交通だけで構成されるトランジットモールの導入が可能となるよう、さらに制度改革と新たな投資を進める必要がある。

- 都市計画や交通計画を専門にする技術者や行政担当者は、海外の先進事例を学ぶことも含め、認知症に関する基本的な情報や知識を学んでいくことが重要である。

真に豊かな地域を目指して

・・・

　人口減少と高齢化が進む中、我が国の都市計画・交通計画は大きな転機を迎えている。具体的には、認知症患者を含む高齢者が増加する中で、弱者に対する視点を今まで以上に重視する必要がある。我が国の都市や交通インフラはモータリゼーションの進展に伴い、郊外へとその開発を拡げてきた。しかし、今後は自動車が運転できない交通弱者であっても、移動の負担無く、地域の中で日常的に必要なサービスに容易アクセスできるようにし、誰もが生活の質を確保できるようにすることが肝要である。

　このような背景の中で、2013 年に交通政策基本法が成立し、土地利用と交通を一体的に計画することの必要性がようやく明記されることになった。また、2014 年には都市再生特別措置法の改正が行われ、いわゆるコンパクトなまちづくりが国の基本的方針として示され、関連制度が整備されるに至った。また、近年では自動車のために整備された道路空間が歩行者の手に取り戻される機会も増えている。2022 年には多様な利用者のニーズに応える道路整備のためのガイドラインが提供されるに至り、交通弱者のみならず一般市民にとっても安全で滞在して楽しいウォーカビリティの高い道路空間が目指されるようになっている。

　以上のような弱者に配慮した都市計画、交通基盤整備への理解が進み、真に豊かな地域づくりが志向される中で、まだ残された課題も多い。特に新自由主義の経済思想に立脚する利潤至上主義の都市開発も各所で散見され、郊外乱開発の継続、タワー型マンションの林立、採算悪化やドライバー不足に基づく公共交通の撤退などの動きが続いている。意識啓発を含めた幅広い取組が求められる所以である。

求められる弱者への配慮

∙∙

　人口減少と高齢化が進む社会において、自動車がないと満足に生活ができない郊外開発を拡大し、人間疎外と災害リスクの可能性の高いタワー型マンション等の建設を短期的な利潤獲得のために進めていくことは、社会におけるコストを長期的には増大させることになる。

　そのような問題を発生させないためには、交通弱者や社会的弱者に配慮し、土地利用計画と交通計画を長期的・広域的な観点から連動させる必要がある。

　公共交通サービスをはじめとし、現在の公共サービスの多くは独立採算が求められることで、弱者に対して十分なサービスが提供できていない状況にある。空間内の段差等を解消するバリアフリーの発想を拡張し、健常者も含め豊かでかつコストのかからないユニバーサルデザインの導入を空間整備において進める必要がある。

　これらにあわせ、都市と地方の空間サービス格差の解消が求められるとともに、インフラや都市のハード整備に留まらない、使いやすさ向上のためのソフト改善に加え、思いやりのハート（心のバリアフリー）が求められる。

新しい時代の交通まちづくり

∙∙

▎コンパクトなまちづくり

　認知症患者や高齢者、および自動車に頼ることのできない交通弱者に配慮したコンパクトなまちづくりを進めることが必要である。コンパクトなまち

づくりを進めることで、**図1**に示す通り、都市の賑わい創出から自治体財政健全化に至るまで、多岐にわたる分野への効果発現が期待できる（クロスセクター効果）。なお、コンパクトシティ政策は往々にして、短期間の間に都市を活性化するためのカンフル型政策に誤解されやすいが、そうではなく、時間をかけて都市の形を改善していく体質改善政策である。このため、往々にして短期的成果を求める政治家からは避けられる傾向のある政策であるということも注意が必要である。

▌ 15-minute city：全てのサービスにアクセスできるまち

　COVID-19の感染拡大を通じ、市民の都市に対する考え方や行動に変化

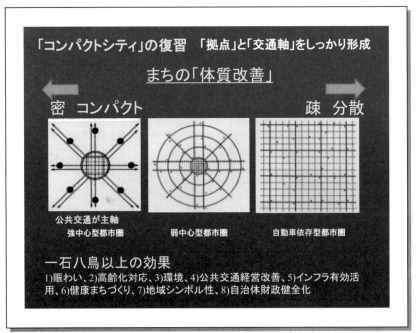

図1　コンパクトなまちづくりの概要
（出典：Thomson,J.M.: Great Cities and Their Traffic, Penguin 1977.を参考に筆者作成）

が生じている。ちなみに、学術研究論文からはコンパクトな都市の方が感染しやすいといったことは証明されておらず、むしろ逆で米国などの自動車依存型都市の方が感染が広がったということが証明されている。一方で、市民側はオンラインワークの進展もあり、都心まで長距離を出かけていく機会が減り、郊外の居住地周辺で過ごすことが以前よりも増えていることが統計的に示されている。[2]

　この結果、パリ市では徒歩・自転車・公共交通機関の 15 分以内の利用で居住者が全てのサービスにアクセス可能になる 15-minute city というコンセプトに基づいてまちづくりが進められるようになっている **(図 2)**。

　現在世界では同様の取組が各所で広がっており、パリと同じ 15 分圏を採用

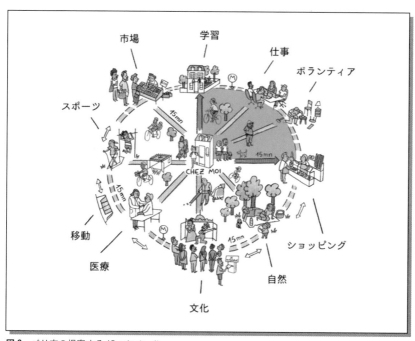

図 2　パリ市の提案する 15-minute city
（画像引用（一部日本語訳）：https://www.simagazin.com/en/si-urban-en/topics-urban/urban/paris-die-stadt-der-viertelstunde）

しているオタワのほか、メルボルン、ポートランド、エジンバラ、シンガポールなどの都市が 20 分都市圏を採用している。このように居住地の近隣において、徒歩・自転車・公共交通だけで用が足せる住宅地が増えていくことで、交通弱者にとって現在よりも暮らしやすい都市圏が体現できるといえる。

▌ ウォーカビリティの重視

　上述したような都市や公共交通の整備のみならず、自動車の通行を主目的として長年整備されてきた道路も、近年その整備の考え方を大きく変革している。具体的には歩行者が期待する多様なニーズに応えるため、**図 3** に示すように各所で道路機能の再配分が面的に進められている。特に鉄道駅などを中心とした空間において、自動車の侵入を禁止し、道路空間をゆったりと滞在できるスペースづくりが重視されるようになってきている。[3]

　このような人中心の道路整備の進め方は、**図 3** の出所に示した 2022 年 3 月に公開されたガイドラインにその詳細設計方法も含めて解説がなされている。自動車交通を排除することによって別の道路に新たな渋滞が発生することがないようにすることも大切なポイントとなる。このような多様な人々が集い、交流する「居心地が良く歩きたくなる」ウォーカブルなまちなかづくりに向けた取組が、全国各地域でさらに進捗するように、実際の自治体での整備担当者の声も含めたポータルサイトも準備されている。[4]

　なお、このような取組が進められる一方で、**写真 1** に示すような公共交通と歩行者のみの道路空間（トランジットモール）の整備は、実際のところわが国では交通管理者がその導入を認めておらず、国際的に極めて遅れた状況のままである。交通弱者にとっては移動のサポートとなる公共交通の存在は非常に重要であり、まちなかの賑わいにも大きな効果があることが海外で実証されているため、速やかな対応が求められるところである。

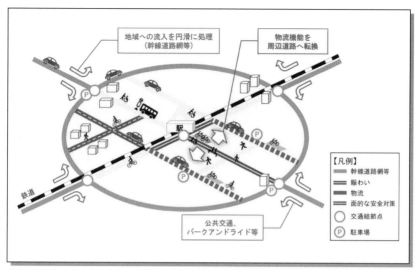

図3　自動車中心から人中心へ：道路機能再配分の考え方
（出所：https://www.mlit.go.jp/road/ir/ir-council/diverse_needs/pdf/guideline.pdf）

写真Ⅰ　フランス、ストラズブールのトランジットモール　（公共交通＋歩行者空間）の実例

認知症患者に寄り添う空間整備の事例

　以上、紹介したような交通弱者に配慮したまちづくりや交通整備を進めること以外に、認知症患者にとってどのような空間整備が望ましいかということについては、都市計画や交通計画の分野においてまだまだ配慮が足りない事項である。ここではドイツで導入されている仮想バス停留所のケース[5]を事例として転載し、その考察の手掛かりとしたい。

　　ドイツの養護施設 Benrath Senior Center in Düsseldorf は、勝手に施設から出て行ってしまうアルツハイマー病患者の対応に頭を悩ませていた。記憶に障害を持つ彼らは、もはや存在しない自宅や家族の所に帰ろうして行方不明になり、警察の世話になることも頻繁にあった。あるとき、施設の担当者は出て行こうとするアルツハイマー病患者の行動に顕著な傾向があることに気付く。彼らは自分たちの移動の足として公共交通機関を利用しようとするのだ。アルツハイマー病などの認知症にかかっている人は、短期記憶はほとんど機能しないが、昔からの習慣といった長期記憶は残っていることが多い。バス停の看板がある所で待てば、バスに乗って帰れることは分かるわけだ。

　　そこで Benrath Senior Center in Düsseldorf は、患者が遠くまで行ってバス停を探さずにすむように、施設のすぐ側にバス停の看板を立てた。ただし、このバス停は偽物でありバスは来ない。偽のバス停は、患者の気をなだめる効果を発揮する。例えばある患者が思い違いで「家で子どもたちが待っているから帰らないといけない」と言い出したとす

る。そしたら施設スタッフは、彼らを無理に止めたり話題を変えたりせ
ずに、「なら、そこにバス停がありますよ」と窓の外を指さす。患者は、
自分は帰れると思いながら安心してバスを待つ。

　そうこうしている内に、自分がどうしてバスに乗ろうとしたかも忘れ
てしまう。スタッフはその様子を見計らい、「バスが遅れているような
ので、中に入って待ちましょう」と声をかける。気分の落ち着いた患者
はすんなりと提案を受け入れる。そしてものの５分も経てば、患者はそ
こを去りたいと思っていたことも忘れる。この繰り返しだ。システムの
効果は絶大で、今ではヨーロッパ中の多くの養護施設が偽のバス停を立
てているという。

　この方法は、認知症の症状を利用した「患者だまし」にも見えるかも
しれない。しかし記憶障害のある人に真実を伝えても、彼らはどのみちそ
の記憶を留めておけないのだ。彼らの世話をする施設スタッフの気苦労
だってある。真実はときに残酷で誰も救わないのならば、その人の信じる
現実を共に見てあげればいい。施設から見える偽のバス停は、「いつでも
行きたい所に行けますよ」と無言のメッセージを送る、優しい嘘なのだ。

（谷口　守）

◆**参考文献**

1. 谷口守編著『世界のコンパクトシティ』学芸出版社、2019
2. 国土交通省「新型コロナ感染症の影響下における生活行動調査（第二弾）」、Press Release 2022.6.、https://www.mlit.go.jp/report/press/toshi07_hh_000195.html
3. 国土交通省道路局「多様なニーズに応える道路　ガイドライン」2022.3.、https://www.mlit.go.jp/road/ir/ir-council/diverse_needs/pdf/guideline.pdf
4. マチミチ会議「ウォーカブルポータルサイト」、https://www.mlit.go.jp/toshi/walkable/index.html
5. 木村つぐみ「偽のバス停で「帰れる」と錯覚。認知症患者の行方不明を防止する」IDEAS FOR GOOD、https://ideasforgood.jp/2017/09/21/fake-bus-stop/ より転載

Chapter 14

ウォーカブルなまちをつくる
──医療・福祉と都市・交通の統合に向けて

....

キーポイント

- 疾病構造が大きく変容し、高齢者ケアや認知症のケアが前面に出る現在のような時代においては、医療モデルにとどまらず、生活全体や社会との関わりまで視野に入れた「生活モデル〜社会モデル」まで視野を広げたケアが重要であり、地域コミュニティやまちづくりを含めた対応が重要になっている。

- 「認知症にやさしい健康なまち」を構想していくにあたり特に重要なポイントとなるのは、「歩いて楽しめる街（ウォーカブル・シティ）」を軸とする「コミュニティ空間としての都市・地域」の実現である。

- 戦後の日本においては、高度成長期を中心に道路・自動車中心の都市・地域モデルが追求されてきたが、高齢化が急速に進み、"遠くのモールに自動車で買い物に行くのが難しい" という層が増え、買い物難民と呼ばれる層が増加する一方、過度のクルマ依存がもたらす高齢者関連の交通事故等も大きな社会的課題になっている現在、高齢化をいわば一つの「チャンス」（契機）として歩行者中心の都市・地域の姿を実現していくことが重要となる。

認知症に優しいまちづくりを考える視点

....

▌認知症への包括的なアプローチの必要性

　ある意味では当然のこととも言えるが、認知症を含め、病気の原因という
ものは、身体内部の物理・化学的な要因のみならず、ストレスなどの心理的
要因、コミュニティとのつながり、環境との関わり、労働のあり方や働き
方、貧困・経済格差といった社会的要因等が深く関わっており、これらが複
合的に作用する帰結として生じている。

　したがって、こうした諸要因の全体を視野に入れたアプローチが求めら
れており、例えば近年、そうした話題を扱う領域の一つとして「社会疫
学（social epidemiology）」という学問分野が発展している。社会疫学に

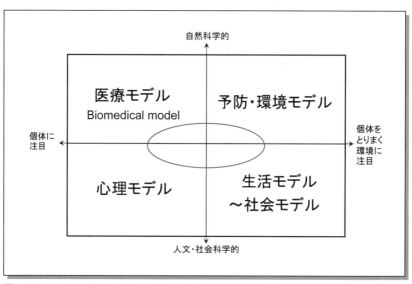

図 |　様々なケアモデル：健康に関する包括的なアプローチの必要性（出典：広井（1997）を改変）

おけるキーコンセプトは「健康の社会的決定要因（social determinants of health）」であり、病気の原因や背景を上記のような社会的要因まで含めて幅広く掘り下げていく分野である。

　こうしたテーマについて、やや概念的なモデルとしてまとめたのが**図1**で、これは病気や健康に関する様々なアプローチを「ケアのモデル」という視点から整理したものである。

　このうち左上の医療モデル（Biomedical model）は、歴史的に見れば19世紀頃に成立した「特定病因論」と呼ばれる考え方をベースにしており、これは"一つの病気には一つの原因（物質）があり、それを除去すれば病気は治る"という、ある意味で比較的単純かつ単線的（リニア）なモデルである。これは感染症などの場合には非常に有効だったが、疾病構造が大きく変容し、かつての感染症中心の時代から慢性疾患、ひいては高齢者ケア（老年退行性疾患）あるいは精神疾患関連が前面に出る時代となっているのが現在である。したがって、左上の「医療モデル」にとどまらず、「予防・環境モデル」、「心理モデル」、さらには生活全体や社会との関わりまで視野に入れた「生活モデル〜社会モデル」まで視野を広げた上で医療や健康の問題を見ていくことが必要となっている。そこで認知症についても、地域コミュニティやまちづくりを含めた対応が重要になっているのである。[2,3]

▎「地域密着人口」の増加

　一方で、これからのコミュニティのあり方を見ていく中で、重要な意味をもつと思われるのが「地域密着人口」の増加という現象である。

　図2をご覧いただきたい。これは人口全体に占める子どもの割合と高齢者の割合の推移を、1940年から2050年という長い時間軸で見たものである。子どもの割合はずっと減ってきていて、今後も減っていく。一方、それとは対照的に人口全体に占める高齢者の割合はずっと増えてきており、これからも増えていく。しかしここで注目したいのは、子どもと高齢者の両者を足し

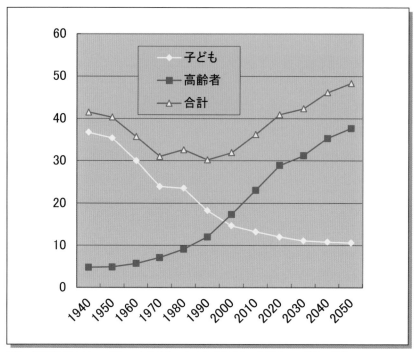

図2　「地域密着人口」の増加　人口全体に占める「子ども・高齢者」の割合の推移（1940 − 2050 年）
（注：子どもは 15 歳未満、高齢者は 65 歳以上／出典：2010 年までは国勢調査。2020 年以降は「日本の将来推計人口」（平成 29 年推計））

　た割合で、それをここでは「地域密着人口」と呼んでみたい。なぜ地域密着人口と呼ぶかというと、少し考えてみれば明らかなように、人生の中で、子どもの時期と、退職してからの高齢期というのは、地域との関わりが強いからである。逆に、現役世代の場合は、圧倒的に勤め先との関わりが強く、地域との関わりは概して薄い。

　そうした「地域密着人口」の割合という視点で図を見ると、戦後の高度成長期を中心とする時代においては、地域密着人口の割合は確実に減っていった。言い換えれば、それは「地域」というものの存在感が薄くなっていった時代でもあった。しかし 2000 年頃から地域密着人口の割合は増加に転じ、

今後は 2050 年にかけて一貫して増えていく。したがってこれからの時代は、「地域」というもののもつ意味が、いわば人口構造上からも着実に大きくなっていく時代なのである。

　同時に、高齢化と一体になった人口減少社会とは、「ひとり暮らし」世帯が大幅に増える時代でもある。最近の国勢調査を見ると 65 歳以上のひとり暮らし男性は 46 万人（1995 年）から 180 万人（2015 年）に、女性では同時期に 174 万人から 383 万人に急増しており（それぞれ 3.9 倍、2.2 倍の増加）、今後増加はさらに顕著になっていく。

日本の都市・まちづくりの何が課題か

▌「居場所」とまちづくり

　さて、コミュニティをめぐる話題を考えていくにあたり、ここで注目してみたい話題として、「居場所」というテーマがある。

　この点に関して、日本経済新聞社・産業地域研究所が行ったアンケート調査に興味深い結果が示されている[4]。首都圏に住む 60 歳から 74 歳の男女 1236 人に、退職後の居場所ということについて、「あなたは自宅以外で定期的に行く居場所がありますか」という質問を行ったものである。その結果は、男女ともに 1 位が図書館で、これはやや意外にも思うと同時に、少し考えるとなるほどと思えるような結果かもしれない。それ以降は男性と女性で多少違っており、女性はスポーツクラブ、親族の家、友人の家と続くが、印象的であるのは、男性はそれらはさほど多くなく、個別の場所で図書館に次いでいるのが「公園」となっている点である。退職した高齢男性が公園で一人佇んでいるような姿が思わず目に浮かんでしまう。そして、さらによく見

ると、リストの一番下の「見つからない／特にない」というのが実は2位となっている。

　要するに、現在の日本の都市では、高齢者にとって「居場所」と言えるような場所が概して非常に少ないということが示されているのである。これはこの後で述べる「まちづくり」の問題と深く関わっている。戦後の高度成長期を中心に、農村から都市に移った日本人にとっては、他でもなく「カイシャ」と「核家族」が居場所の中心であり、男性にとってはとりわけカイシャの存在が大きかったわけである。それが高齢社会となり、退職してカイシャを離れる層が増えていき、また、雇用自体が非常に流動化している中で、若い世代や子どもを含めて、新たな「居場所」を模索しているのが現在の日本社会である。こうした把握を踏まえて、まちや都市の空間のありようをつくり変えていくことが、「社会的孤立」というテーマとの関連を含めて重要になってくる。

▌ 都市・地域をめぐる戦後日本の政策展開——その3つのステップ

　ここで、課題と今後の方向を見定める意味で、日本における都市・地域をめぐる戦後の政策の展開を3つのステップに即して簡潔にまとめておきたい。

　第一のステップは、1950年代から70年代頃までの高度成長期で、これは一言で言えば“農村から都市への人口大移動”の時代であり、地方あるいは農村部の人口減少が最も大きかった時期である。そしてこの時期には、「工業化」の推進ということが国を挙げての政策の基軸となった。そして、首都圏など大都市近郊には、都市圏に移動してくる若年層——当時は結婚も早かったので若い子育て世帯——の住居を保障するために（日本住宅公団による）大規模団地が多数つくられたのである。

　一方、この時代においては、日本の地方都市は（現在のようなシャッター通り的な状況とは対照的に）むしろ賑わいを保っていた。農村からは（東京などの大都市に限らず）地方の中小都市にも人口が多く流入していたので、

地方都市の商店街や中心部がもっとも賑わっていたのが実はこの時代だったというのはある意味で人口移動の自然な帰結でもあった。

　続く第二のステップは、1980年代前後から2000年代頃に至る時期の政策展開であり、この時期は「アメリカ・モデル」あるいは"郊外ショッピング・モール型"と呼ぶべき都市・地域のあり方が政策面でも全面的に追求された。すなわち、流通政策・経済政策（当時の通産省）と道路・交通政策（当時の建設省等）のいずれもが強力に自動車・道路中心の都市・地域モデルを志向したのであり、それに呼応するかのように民間企業による大型モールが各地に登場した。こうした過程を通じ、地方中小都市の中心部は急速に空洞化ないし"シャッター通り"化が進むことになった。

　最後に第三ステップは、2000年代ないし2010年代以降の時期であり、希望を込めて言えば、以上のような流れとは異なる新たな潮流や政策転換の兆しが見られつつある。

　一つには、高齢化の進展により"遠くのモールに自動車で買い物に行けない"という層が増加し、全国に600万人ないし700万人と言われる「買物難民」問題などが徐々に認知されるようになり、地域に根ざした商店街などの新たな価値が認知されつつある。

　また、人口減少社会への移行の中で、過度な低密度化の問題が顕在化し、人口増加期とは異なる都市・地域モデルの必要性が次第に認識されるようになった。

　こうした中で、国交省などの政策の基調にも変化が見られ（まちづくり3法改正（2006年）、「国土のグランドデザイン2050」（2014年）における"小さな拠点"の考え方など）、また「ウォーカブル・シティ（歩いて楽しめるまちづくり）」や、「コミュニティ」の視点の重視など、高齢化・人口減少社会における新たな都市・地域像への模索が始まろうとしている。それはまさにここでのテーマである「認知症にやさしい健康なまち」という話題につながっていくものである。

国内外の事例からみる
コミュニティ空間とウォーカブルなまちづくり

▌ コミュニティ空間としての都市・地域──ヨーロッパの事例から

　こうした話題について具体的なイメージを持つために、ヨーロッパに関する事例をいくつか紹介してみたい。

　ヨーロッパの都市においては1980年代前後から、都市の中心部において大胆に自動車交通を抑制し、歩行者が"歩いて楽しめる"空間をつくっていくという方向が顕著になり、現在では広く浸透している。

写真Ⅰ　中心部での自動車規制と「歩いて楽しめるまち」（ドイツ：エアランゲン〔人口約10万人〕）。まちの賑わいと活性化にも寄与している

　写真 1 はドイツのエアランゲンという地方都市（人口約 10 万人）の中心部の様子である。印象的なこととして、ドイツのほとんどの都市がそうであるように、中心部から自動車を完全に排除して歩行者だけの空間にし、上記のように人々が「歩いて楽しめ」、しかもゆるやかなコミュニティ的つながりが感じられるような街になっている。

　加えて、人口 10 万人という中規模の都市でありながら、中心部が活気ある賑わいを見せているというのが印象深い。これはここエアランゲンに限らずドイツの都市に一般的に言えることで、残念ながら日本の同様の規模の地方都市が、いわゆるシャッター通りを含めて閑散とし空洞化しているのとは大きく異なっている。

　同時に、そこは高齢者などもゆっくり過ごせる空間で、市場やカフェで高

写真 2　高齢者もゆっくり楽しめる市場や空間（ドイツ：シュトゥットガルト）

写真3　高齢者もゆっくり楽しめる市場や空間（ドイツ：フーズム〔人口約2万人〕）

齢者なども自然にくつろいで過ごしている姿が印象的である（**写真2**。シュトゥットガルト）。重要な点だが、まちがそうした空間であることはそれ自体が「福祉的」であり、心身の健康や生活の質にとって非常に重要な意味があると考えられる。

　写真3はフーズムという、人口約2万人程度の地方都市の中心部の様子だが、こうした「まち・むら」規模の地域であっても、高齢者が出かけ、様々なコミュニケーションが生まれるような市場などの場所が広く存在している。

　先述のように日本の地方都市の現状では、20万人程度以下の地方都市はほぼ確実に“シャッター通り”となっており、場合によっては30～50万規模の都市でも空洞化が進んでいるのが現実である（**写真4**）。

写真4　日本の地方都市の現状

▍「コミュニティ感覚」と空間構造

　ここで、“「コミュニティ感覚」と空間構造”という視点の重要性を挙げてみたい。

　「コミュニティ感覚」とは、その都市や地域における、人々の（ゆるやかな）「つながり」の意識をいう。そして、そうした人々の「コミュニティ感覚」（ソフト面）と、都市や地域の空間構造（ハード面）は、相互に深い影響を及ぼし合っているのではないだろうか。

　単純な例を挙げると、道路で分断され、完全に自動車中心になっているような都市では、人々の「つながり」の感覚は阻害される。様々な年齢の人々が自然に集まる場としての商店街——それは人々が日常生活の中で自然にコミュニケーションを行う「コミュニティ空間」として重要な意味を持つ——の空洞化という現象も、コミュニティ感覚の希薄化につながるだろう。

　これまでの日本の都市・地域政策では、そうした「コミュニティ空間」「コミュニティ感覚」といった視点はあまり考慮されることがなかった。しかし今後は、いわば“コミュニティ醸成型の空間構造”という、「ソフト」と「ハード」を融合した視点がまちづくりや都市政策・交通政策等において

非常に重要になっていく（交通政策やまちづくりとコミュニティとの関連について宇都宮（2015）参照）。

▌ 新たな方向への動き

　そして幸いなことに、そうした「コミュニティ空間としての都市・地域」づくりに向けた動きが、現在日本の各地においてある意味で“百花繚乱”のように立ち上がりつつある。

　写真5は、香川県高松市の丸亀町商店街の様子で、商店街再生の成功事例としてもよく言及されるが、単に商店街活性化という視点のみにとどまらず、商店街と高齢者向け住宅等を一体的に整備し、高齢化に対応した“福祉都市”的な性格ももっている例である。

　写真6は姫路駅の駅前の様子で、正面遠方には姫路城が見えるが、駅前の

写真5　香川県高松市：丸亀町商店街　歩いて楽しめる商店街と高齢者向け住宅等を一体的に整備し「福祉都市」的な性格をもつとともに、ヒト・モノ・カネが地域で循環する地域内経済循環を目指す

空間から姫路城に向かう道路の途中までを、歩行者と公共交通機関（路線バス）のみの空間にしたという、画期的な試みである。まさに本章で述べてきたような“歩いて楽しめるまち”づくりである。

　以上見てきたように、戦後の日本においては、アメリカの都市・地域像をモデルに圧倒的に自動車・道路中心の政策がなされてきたが、近年では新たな方向への転換の試みが各地で進み始めている。この場合、「高齢化」を一つのチャンスとして、あるいは転換の“推進力”としてとらえていくことが重要と考えられる。

　すなわち、高齢化が進むということは、先述のように“遠くの大型スーパーやショッピング・モールに車で買い物に行けない人々”が急速に増えているということである。そうした構造変化の中で、まさに歩いて楽しめる街、あるいは過度に自動車に依存しない地域や社会という方向が求められて

写真6　姫路市駅前：歩行者と公共交通のみの「トランジットモール」化

いるのである。加えて、過度のクルマ依存社会からの脱却は、いわゆる認知症ドライバーなどの問題や、高齢者が被害者とともに加害者ともなる様々な事故への対応としても重要な意味をもっている。

　こうした理由から、高齢化を一つの契機ないしチャンスとして、ここで述べてきたような「コミュニティ空間」を重視した、歩行者中心の都市・地域を実現していくという方向がいま何より求められているのである。

（広井　良典）

◆参考文献
1. 近藤克則『健康格差社会』医学書院、2005
2. 徳田雄人『認知症フレンドリー社会』岩波新書、2018
3. 広井良典『持続可能な医療――超高齢化時代の科学・公共性・死生観』ちくま新書、2018
4. 日本経済新聞社・産業地域研究所『超高齢社会の実像』調査報告書、2014
5. パットナム『孤独なボウリング――米国コミュニティの崩壊と再生』柏書房、2006
6. 宇都宮浄人『地域再生の戦略――「交通まちづくり」というアプローチ』ちくま新書、2015

Chapter 15

全世代にやさしいまちづくりへ
──健康・ウェルビーイングを目指す
社会経済活性化フレームワーク

··

キーポイント

● 認知症を予防※する因子は、生活習慣など多側面にわたる。一つの
因子の影響は小さいが、全てを実現すると、認知症の４割を「予防」
できるとされている。

● 認知症を予防する多因子は、運動、栄養、禁煙、社会交流など、生
活習慣病を予防し健康余命を延伸し、健康・ウェルビーイングを向
上する多因子と同様のものである。

● ただし、これらの多因子の改善は個々人の努力だけでは不可能で、
健康な行動などを維持・促進する環境、認知症や多様な世代にやさ
しい社会をつくり、社会経済活動を活発化していく必要がある。

● それを進めるための、社会・まちの多側面全体を把握するフレーム
ワークを提案する。

※ここでの「予防」とは、「認知症になるのを遅らせる」「認知症になっても進行を緩やかにする」と
　いう意味を含む

認知症にやさしいまちは、全世代にやさしいまち

....

▌ 認知症の予防とは

　超少子・超高齢社会の進展により、認知症は増加し、その支え手は減少することが見込まれる。認知症の「予防」は、国家の一大事となっている。ここでの「予防」とは、「認知症になるのを遅らせる」「認知症になっても進行を緩やかにする」という意味を含む（認知症施策推進大綱、2019）。

　この状況は、人々の健康・ウェルビーイングをよりよく実現していく社会づくりへと駆動する、またとない貴重な機会ととらえられる。

▌ 認知症を予防するには

　認知症予防の効果ある取組として、2017 年さらには 2020 年に医学界で権威あるランセット・コミッション[1,2]で提唱されたのは、中高年の高血圧の管理に加え、こどもの頃の教育、運動、社会的な関わり、禁煙、難聴の管理、うつ病、糖尿病、肥満の管理、そして、アルコール過剰摂取、外傷性脳損傷、

- ● 生活習慣病を予防する運動、体重管理、禁煙、節酒
- ● 高血圧、糖尿病の管理
- ● 社会的な交流、人々とのコミュニケーション
- ● 知的刺激のある活動、こどもの頃からの教育
- ● 前向きなこころをもった生き生きとした生活
- ● 空気がきれいな生活環境

表 I　認知症の予防策

大気汚染の防止などである。ところがこれらの一つ一つにアプローチしても予防効果は限定的で小さなものである。これらの効果の総体により、認知症の40%を予防しまたは遅らせられるだろうと推計された。

　そして、個々の因子ではなく、多因子へのアプローチの効果を示した世界的に有名な研究が、フィンランド発祥のフィンガー研究[3]である。この研究では、認知症の予防において、個々の因子へのアプローチではなく、食事、運動、社会交流や認知機能の訓練、脳や心臓の血管リスク（血圧、体重・BMI、腹囲等）の管理など、多側面をセットとしたアプローチの有効性を示し、世界の先駆けとなった。

　以上を含め、もろもろの研究の知見を総合すると、認知症の予防には、**表1**のそれぞれをできるだけ同時に並行して実現することが重要である。

▍認知症予防から健康・ウェルビーイング実現の社会へ

　これらを並べてよく見てみると、こころもからだも社会的にも良好な状態（健康、ウェルビーイング）を実現することが、認知症の予防として有効、ということである。このような健康的な生活は、私たちの「行動」がカギとなる。

　しかし自らの意思だけでは理想通りにいかない。人の支えも重要であるし、生活する環境に大きく影響を受ける。移動手段がほぼ車になるような地域では、運動不足になりやすい。食事の内容は生活圏内で入手できる食べ物にも影響を受ける。人とのふれあいも住む環境で変わってくる。また、上記の予防因子は、こどもの教育や生涯学習、中高年の高血圧の管理、高齢者の運動、人々の交流など、様々な世代にとってそのような機会が得られるか、という社会の環境に係わってくる。

　そうなると、人々の健康な生活を実現するには、本人の努力を強調しすぎることなく、全世代にとって好ましい社会環境を実現していくことが必須である。

▌地域共生社会による健康・ウェルビーイングのさらなる実現

　また、認知症の状態を、皆が通常のことと思うようになることが、社会全体の活力に通じることになると考えられる。徘徊や不穏など認知症で課題となる行動・心理症状（BPSD）も、多くの場合、周囲の人々からの敬意が払われないことをベースに理解の食い違うことが契機となっているようである。いまだに、しばしば、認知症には、否定的な意味づけをされてしまい、不当な扱いに結びついてしまう。いわゆるスティグマ、偏見である。それが、一般の人々の意識と行動を、自らにも何のメリットもない方向にしむけ、それが認知症の人とその家族を傷つけ苦しめてしまう。本人にも家族にも、スティグマを生じさせてしまい、状況は一層悪化する。

　逆に、認知症の人もその家族も、皆が当たり前のことと思うようになれば、より楽に暮らせるようになり、潜在力も一層発揮できるようになる。お互いに敬意を払い合うことも重要である。そのような社会づくりに向けて、教育・生涯学習の力がますます重要となる。

　例えば、認知症サポーターキャラバン（**図1**）の活動は、全国の地域や企業や学校に展開されていて、さらに進化・深化させる余地を指摘する意見もあるが、今後の教育・生涯学習に貴重な示唆を与えるものである。認知症とその関連症状の客観的理解を礎にスティグマを取り払い、当たり前のこととして共感をもって接しようというものである（これを参考にイギリスでも Dementia Friends が始まった）。銀行や企業でも展開され、認知症サ

図1　認知症サポーターキャラバンのロゴ
（提供：全国キャラバン・メイト連絡協議会）

ポーターの登録も広がってきている。小・中学校で生徒全員を認知症サポーターとして養成しているまちもあり、こどもから親への学びの展開も期待される。

　これは認知症に限ったことではない。障害者、脆弱（フレイル）な状態の高齢者、異なる文化など多様な立場の人たちにも、あてはまりうる。広く社会で、地域で、生活圏で、多様性が当たり前となる社会が、人々の潜在力を解き放ち、人々がより健康に生活できる社会につながっていくだろう。

▎社会経済活動活性化による健康・ウェルビーイングのさらなる実現

　これまでの話を踏まえると、認知症を予防し認知症にやさしい社会の実現は、全ての世代の人々が健康な生活行動をとることができ、全ての人々にやさしい社会づくりである。このような社会づくりを実現していくためには、保健医療や福祉だけでは足らず、様々な社会経済活動が人々の健康・ウェル

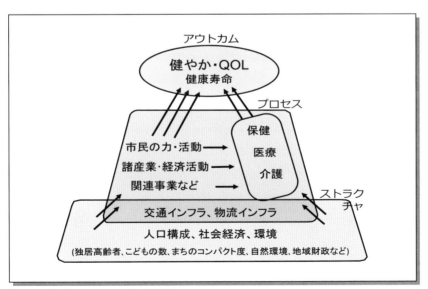

図2　健康・ウェルビーイングの要因構造

- 誰も取りこぼさず健康・ウェルビーイングを実現する社会をつくる
- データ・技術・サービスを発展させ、社会経済活動を活発化させる
- 非効率と高効率の共存を含め、多様性をもって社会の力を高める

表2　これからの社会づくりに求められる方針

ビーイングのさらなる実現に向けて活性化していくことが重要となる。健康・ウェルビーイングを支える多因子も考えると、**図2**のように表すことができる。

　社会を、そして、まちをつくっていくには、社会経済活動の活性化が重要となる。そこで、**表2**のような社会づくりの方針が重要と考えられるだろう。

▋ 産業活性化による健康・ウェルビーイングのさらなる実現

　産業競争力懇談会（COCN）では、推進テーマ「健康医療介護の質指標とまちづくり情報基盤」（2017年-2018年度）が設定され、20社を超える企業とアカデミアがともに議論して、人々の健康・ウェルビーイングを目指すまちづくりに向けてデータのフル活用と産業活性化を進める政策提言を行っている[4]。これまで、社会づくりにおいては、ひたすら経済性が追求されていたのではないか。健康・ウェルビーイングを主目的とし、経済性はその一手段と考えることが重要である。

　このためには、健康・ウェルビーイングの実現に向けて、様々な産業が力を発揮していく必要がある。より生産性を上げるために協働するプラットフォームや、その武器となるデータ・情報を活用していくためのプラットフォームも必要だ（**図3**）。

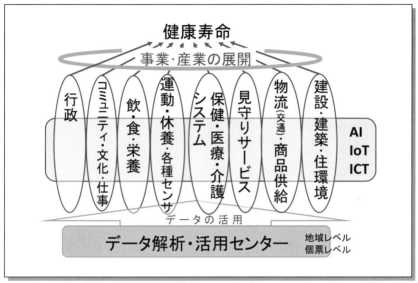

図3　健康・ウェルビーイング向上を目指す産業：データの活用

▋ 教育と福祉をベースに経済競争力を世界トップクラスに

　世界の流れの中で、認知症にやさしい社会、人々が幸福な社会、持続可能な社会、経済競争力のある社会は、同時に実現できるばかりか、同時にでないと実現できない時代となっている。2022年度の国別ランキングは、以下のようになっている。[5,6,7]

● 幸福度

　　フィンランド 1 位、デンマーク 2 位、日本 54 位
● SDGs[持続可能な開発目標] 達成度

　　フィンランド 1 位、デンマーク 3 位、日本 19 位
● 世界競争力

　　デンマーク 1 位、フィンランド 8 位、日本 34 位

　ちなみに 1989 〜 1992 年頃、日本は 1 位だった。

　フィンランドもデンマークも、生産性向上やデジタル化の先進国であり、産官学民の産業イノベーションを推進する仕組みも優れているが、とりこぼしなく国民のウェルビーイングを向上することが重視されており、「人」を重視して、福祉と教育に注力している国である。小学校からデジタル領域の教育を推進するのみならず、高齢者への教育や支援にも力を入れ、いわゆるデジタルデバイドをなくそうと国は取り組んでいる。

　我が国でも、古い時代の成功モデルを捨て去り、全世代、すなわち、多様な人々へやさしさ、健康・ウェルビーイングの向上をとことん追求することが、人々の潜在力を引き出し、社会の活力を生み出していくに違いない。

人々が健康になるまちづくりに向けた
フレームワークをつくる

▍人々の健康・ウェルビーイング実現を支えるフレームワーク

　健康志向の社会づくりに、アカデミアが貢献していくためには、従来の領域を超えた協働が一層求められていくであろう。そこで社会づくりに関わる理系文系の様々な研究領域の研究者が集まり、学内に超高齢社会デザイン価値創造ユニットを形成し、それを基盤とした産官学民コンソーシアム "PEGASAS"（ペガサス）を結成、具体的なまちづくりの事例研究を行っている。[8]　データ活用や DX（デジタルトランスフォーメーション）の推進、各領域の産業の活性化や創生も視野に入れ、エビデンス創出、見える化、政策立案や活動・システム設計、社会実装までを貫く、政策形成・コミュニティ形成のプロセスを異分野協創して展開することを目指している。

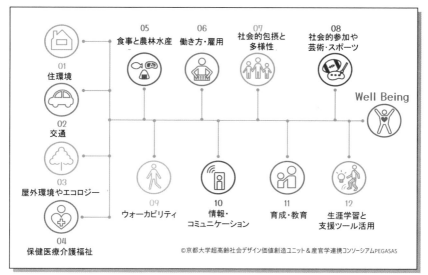

図4　健康・ウェルビーイング向上を目指す社会づくりのフレームワーク

　健康・ウェルビーイング実現社会に向けては、現状を把握し、有効な方策のエビデンスを生み、計画進捗、目標達成度を可視化し確実に推進していくためのフレームワークの研究開発を進めている。これは、目標となる健康・ウェルビーイングと、以下の12の領域からなる（**図4**と**図5**を参照のこと）。

▌ 健康・ウェルビーイングとスマートソサイエティ

　今後は社会づくりの様々な側面で旧来の枠を超えた新たな協働や意識改革が進み、一方でデータやデジタル技術が生活の中でますます活用されていくであろう。社会・くらしの発展と経済・産業振興に向けて国策となっているスマートシティ、スマートソサイエティも鑑み、上記のフレームワークの01～12の各領域の内容イメージの例を以下に述べる。

● 01　住環境

　　コミュニティとのつながりの中、快適な環境で安心して過ごせることは生活の基本である。障害があっても生活しやすい環境、働きやすい環境、人々の間でコミュニケーションをとりやすい環境が求められる。各種センサーを使った見守りや健康へのフィードバック、在宅フィットネスやフレイル予防など、オンラインを活用したサービス、相談、ケア、各種手続きが家にいながら利用できる。

● 02　交通

　　公共交通機関や自転車の利用促進・環境改善、交通需要の調整による混雑緩和、自動車や自転車のシェアリング（共有）や相乗りの仕組みなどが進む。また、自動運転やAI等の様々な技術を活用して各種移動手段・サービスが統合され（MaaS: Mobility as a Service）、ビジネス、観光、

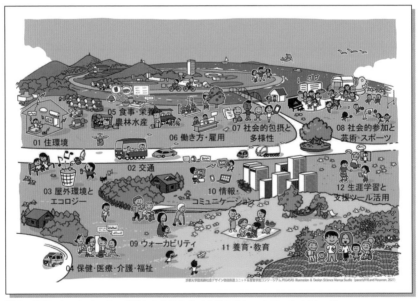

図5　健康・ウェルビーイングが向上する社会づくりのフレームワーク（イメージ）

娯楽、買い物、受診などにおいても、また、過疎地域や交通弱者においても、必要な移動が容易となり、さらに快適な移動サービスが整備される。

● 03　屋外環境・エコロジー

　人が交流する賑わいのある空間を整備する（交通（02）やウォーカビリティ（09）も関連）。自然災害に対応できる建造物、ライフライン、通信を整備し、人々の準備や対応能力を強化する。

　まちの寿命（インフラ設備等の老朽化）を把握し、計画的に対応する。きれいな大気を確保し、地球環境を大切にする意識やしくみづくりを推進する。再生可能エネルギーの利用、家屋やビルや工場等を含む地域全体での有効なエネルギー管理の普及、ごみ・廃棄物の縮減やエコ活動の推進、バイオマスの活用を進める。

● 04　保健・医療・介護・福祉

　医療・介護の財源は逼迫していく傾向にあり、人材不足もあり、抜本的な効率化が必要である。もちろん医療・介護の質の維持・向上も必須である。ケアやサービスの提供体制と切り離すことのできない診療報酬制度・介護報酬制度の改革もカギであり、現場の努力が地域システムの全体最適に向かうように再編していく必要がある。DX（デジタルトランスフォーメーション）も含め、様々な仕組みの変革を医療側が主体的に断行し、地域システムの全体最適化を推進する医療人育成改革もカギとなる。医療者の訓練や実践、市民や患者のセルフケア能力の向上のために、データベース、オンライン技術、ウェアラブルなどデジタル活用も必須である。医療の新技術も展開していくが、既存の知識・技術もまだ十分に活かされておらず、医療の有効性・効率性の伸びしろがここにもある。

● 05　食事・栄養と農林水産

　家族や友人との気の置けない食事は暮らしを豊かにする。生活圏で得られる食材は個々人の食生活に直結するので地域社会での食事の把握も重要となろう。個人や家族、あるいは職場などでは、AIやウェアラブル、センシ

ングによるフィードバックを通し、食生活や健康状態の一層の改善につなが
る。また、就業面では農業などへの長年の従事は、生きがいも身体活動も生
み出し健康長寿に直結する。こども世代の過ごし方は認知症予防や健康寿
命にも重要であり、日常生活の外でも、産地での収穫作業や食事会の参加
を通じて文化継承体験や食育の機会がふんだんに提供されることが望まれ
よう。

　さらには、農畜産物・水産物の生産（第1次産業）においては、そこに
とどまらずAIやロボット（RPA）などデジタル技術を活用し、食品加工
（第2次産業）、流通・販売（第3次産業）にも取り組み、第6次産業（1
×2×3次産業）として活性化することを通じて、新たな産業を振興し、
地域内のヒト・モノ・カネが循環する地域創生にもつながるであろう。

● 06　働き方・雇用

　働くことにより、生きがいも生まれ、幸福や健康につながる。生産年齢
人口が急速に減少する我が国において高齢者の経験や技能を活用する雇用
機会の確保・創出は必須である。

　リスキリング（社会や技術の変化に応じて新しいスキルを獲得するこ
と）や労働市場の流動化も、需要に応じて人々の潜在能力を活かし、社会
の生産性を上げることになる。また、全世代の人々が働きやすいまちは、
人が集まりまちが活性化する。コミュニティが見守り孤立を防ぐ仕組みに
もつながる。ボランティアをしやすくする環境づくりも重要で、世代を超
えて関われるコミュニティづくりにも関わってくる。

　オンライン技術の普及は、地方から都市への人口の一極集中から、地方
で働くことや、多拠点居住を可能としている。自身のライフスタイルに合
わせた働き方に柔軟に対応でき、生産性や生活の質の向上につながる。

● 07　社会的包摂と多様性

　日常生活の中で手を差し伸べる文化の醸成が求められている。スーパー
等での会計やレストランでの食事などの局面において、認知症の人やその

家族、高齢者や外国人など困っている人の元へすぐに支援の手が差し伸べられる仕組みが浸透している社会を築くことが望まれる。地域内のイベントや集い、行政担当者や専門家の支援とともに、孤立や孤独を防ごうという人々の意識を醸成していくことが重要である。教育のみならず、マスメディアからの情報発信や、インターネットを通じ SNS も重要な機能を持つであろう。

　認知症や高齢化、社会保障の基礎、多様性への敬意などについて小学校と中学校のカリキュラムに含めたり（例えば生徒は全員認知症サポーターになる）、高齢者や子供を含む多世代が楽しみをもって一緒に活動できる機会も、学校活動が基盤となりうるであろう。

● 08　社会的参加と芸術・スポーツ

　コミュニティや家族と一緒にレジャーや社会的、文化的、精神的な活動に参加できるような社会環境を目指す。認知症ゆえに参加が阻まれないよう、意識の浸透含め、認知機能上や身体機能上のバリアフリーを展開する。サロン活動や各種イベントの情報入手や参加を容易にしアクセスを確保する。

　集う場所は、認知機能上、身体機能上もバリアフリーであり、どの世代も過ごしやすい環境とする。地域密着型のスポーツも振興され、日常的に運動しやすい環境が整えられ、芸術や文化に日常的に触れやすい環境をつくっていく。

● 09　ウォーカビリティ

　歩くこと（ウォーキング）の健康への良い効果は知られているが、自動車がないと生活しにくい地域では、歩行量が減少する傾向にある。日常の買い物や飲食などが歩いて行ける範囲に集約されていたり、安全で快適な歩きやすい道があり、人々がいてまちに活気があり、さらには景観などの要素が加わると、自然と歩くことが促される。近年では国土交通省も「居心地が良く歩きたくなる」まちなかの形成への施策づくりに取り組んでいる。

　　家族や隣人と楽しく過ごせる場所、公園や広場、公共施設、沿道の建物・店、緑、人々の様子も、歩きやすさや多様な人々が集まってくるかどうかに関係してくる。ベンチなど座れる場所や、こども、高齢者、車椅子などの人にとっても安心して外出できるようなバリアフリーの工夫も望まれる。

● 10　情報・コミュニケーション

　　人々は生活していく上で必要な情報を適時に容易に取得できる必要がある。紙やTV、ラジオ、SNSなどのメディア、サイネージや口頭での情報伝達など様々な手段が組み合わさり活用され、情報格差の解消を図っていく。各種メディアやICTの利活用により、認知症の人と家族がより多くの人とつながれるようになり、「まち」の各サービスプレイヤーや行政機関と、プラットフォームを介して適時の情報交換を可能とし、最適な人材や健康医療介護サービスにつなげる。

　　認知症の人や脆弱な人々など、最も支援ニーズの高い場合に、情報入手に不利な立場（デジタルデバイド）となるリスクが高いため、それを防ぐべく地域におけるICT機器に触れる機会、学ぶ機会、訓練等を充実させていく。

● 11　養育・教育

　　子育てしやすい社会環境を整え、こどもたちが夢をもちチャレンジできるような社会の仕組みを整える。小・中学校などの学校教育では、健康、医療・介護の使い方、皆で支え合う社会保障の仕組みを学ぶ機会も重要である。給食を通しての食育・健康教育、部活を通しての健康体への意識づくりや介護予防の意識づけ、認知症サポーターとなる体験的学習、こころの健康、個性や多様性の重要性の認識など、従来の知識学習より優先度は高いのではないだろうか。また、こういう領域では親も学びへと展開する要素もあるだろう。

　　オンライン等の技術もフルに活用し、またその過程で環境の格差が生じないように公的な投資の必要がある。デジタル技術なども、幼いころから

誰でもどんどん使えて学べる環境も必要であろう。こどもに限らず、高齢者を含めた大人も、気後れせず地域社会の中で学ぶ場が自然とあることが望まれる。意見交換や多世代での交流の場も学びを促すであろう。

● 12　生涯学習と支援ツール活用

　超少子超高齢・人口減少社会に起因する医療・介護問題をはじめ、様々な社会課題に先進技術を適用し、私たち自身の機能を増強・拡張させる。特に、認知症の人やその家族にとって、技術による機能の補助・拡張は重要である。例えば、家庭での日常の暮らしの中でも、健康維持に必要なデータを把握して自ら重症化予測、発症予防を行うとともに、医療機関での治療後も専門的な支援を受けながら自らフォローし予後を改善するなど科学的な健康維持が可能となる。

　認知症の予防やケアについても、見守りシステムや遠隔相談などのデジタル技術により自らや家族のケア力を向上させ、また専門的な支援を受けやすくする。全世代が生涯を通して、学びたいことを学び続けることができる仕組み、そして、誰もが取り残されずICT を活用できるように世代やその人に応じたデジタル教育を展開する。

　以上、人々の健康・ウェルビーイングに重要な影響を及ぼす、まち・社会の12領域を主にスマートシティの視点から例示した。例えば、ウォーカビリィ（09）の一領域をとっても、屋外環境・エコロジー（03）や交通（02）と強く関連する。このように、これら12の各領域は有機的に関わり合い、人々の健康・ウェルビーイングを支える。

▎これからの健康まちづくり・社会づくり

　認知症予防と健康余命延伸それぞれの要因をみると、認知症にやさしいまちづくり、全世代にやさしいまちづくり、そして、人々の健康・ウェルビーイングを実現する社会づくりは、ほとんど同義であり、社会の多側面が関わる。

　人々の健康・ウェルビーイングの実現には、その実現に向けて人々の間で情報を共有して協働し、社会の多側面での状況を系統的に見える化し、従来の分野・領域を超えた社会経済活動の活性化を進めていくことが望まれる。

　特に、これからの社会経済活動の発展には、認知症の人やその家族、そして多様な世代へのやさしさがカギとなる。

（今中　雄一）

◆参考文献

1. The Lancet Commissions. Lancet 390:2673-2734, 2017
2. The Lancet Commissions. Lancet 396:413-446, 2020
3. Ngandu T, et al. Lancet 385: 2255-2263, 2015
4. 産業競争力懇談会（COCN）推進テーマ最終報告書「健康医療介護の質指標とまちづくり情報基盤」、2019/02/15、http://www.cocn.jp/report/thema106-L.pdf（2022/11/01 アクセス）
5. SDSN. World Happiness Report 2022. https://worldhappiness.report/ed/2022/（2022/12/01 アクセス）
6. SDSN. Sustainable Development Report 2022. https://dashboards.sdgindex.org/（2022/12/01 アクセス）
7. IMD. World Competitiveness Ranking 2022. https://www.imd.org/centers/world-competitiveness-center/rankings/world-competitiveness/（2022/12/01 アクセス）
8. 産官学民コンソーシアム PEGASAS「健康・医療・介護視点の全世代まちづくり」、http://pegasas.umin.jp/（2022/11/01 アクセス）

謝辞

この書籍の発刊および内容は、一部、厚生労働科学研究費補助金（認知症政策研究事業）「認知症施策の評価・課題抽出のための研究：領域横断・融合的アプローチと大規模データベースの実践的活用」（令和２年度〜４年度）による。

編者・著者紹介

▌編著者

今中雄一（いまなか・ゆういち）

1961年生まれ。東京大学卒業、認定内科医、死体解剖資格、博士（医学）、ミシガン大学にてMPH、Ph.D.取得。病院、大学勤務等を経て2000年から京都大学 大学院医学研究科 医療経済学分野 教授。2016年から京都大学超高齢社会デザイン価値創造ユニット長、2021年から社会健康医学系専攻（School of Public Health）専攻長を兼務。アジア国際学会ASQua理事長、医療経済学会会長を歴任。日本公衆衛生学会副理事長、日本医療・病院管理学会理事長、社会医学系専門医協会理事長を務める。2018年 International Academy of Quality and Safety in Health Care にアジアより初選出、2022年日本医師会医学賞受賞。著書に『病院の教科書〔第二版〕』（編著、2023年、医学書院）ほか。

▌著者（執筆順）

武地一（たけち・はじめ）

1961年生まれ、滋賀県出身。京都大学医学部卒業、京都大学大学院医学研究科修了。福井赤十字病院内科医員、大阪バイオサイエンス研究所研究員、ドイツ・ザール大学生理学研究所博士研究員、京都大学大学院加齢医学・講師および同臨床神経学・講師を経て、2016年より藤田医科大学医学部認知症・高齢診療科 教授。日本老年医学会理事・専門医。日本内科学会、日本認知症学会および日本老年精神医学会専門医。2018年より京都大学超高齢社会デザイン価値創造ユニット特任教授を併任。著書に『認知症カフェハンドブック』（2015年、クリエイツかもがわ）、『ようこそ、認知症カフェへ』（2017年、ミネルヴァ書房）ほか。

山田裕子（やまだ・ひろこ）

1949年生まれ、大阪府出身。関西学院大学卒業、関西学院大学社会学研究科修了、University of Michigan、Doctoral Program in Social Work and Social Science（Psychology）修了（MA, MSW, Ph.D.取得）。同志社大学社会学部助教授を経て教授。ミシガン大学客員研究員、京都大学医学研究科客員研究員。2020年定年退職、同志社大学名誉教授。現在同志社大学研究開発推進機構良心学研究センター嘱託研究員。著書にV-8「家族へのケア」（pp.798-805）北徹監修、横出正之・荒井秀典編『健康長寿学大事典 QOLからEBMまで』（2012年、西村書店）。

中部貴央 （なかべ・たかよ）

1992年生まれ、東京都出身。早稲田大学法学部卒業、京都大学大学院医学研究科医療経済学分野専門職学位課程修了、同分野博士後期課程修了。同分野特定助教を経て、2021年より東京大学医学部附属病院国立大学病院データベースセンター特任助教。京都大学大学院医学研究科医療経済学分野客員研究員、特定非営利活動法人日本医療経営機構研究員などを務める。著書に『データで変える病院経営』（分担執筆、2022年、中央経済社）。

愼重虎 （しん・じゅんほ）

韓国のソウル出身。2001年ソウル大学歯学部卒業、2002年より益山市保健所の公衆保険医師を経て、2005年より2014年まで歯科診療所に勤務。2015年渡日、2018年京都大学で社会健康医学修士（専門職）、2021年同大学で社会健康医学博士取得。2021年同大学助教を経て、2022年より同大学特定講師。

原広司 （はら・こうじ）

1989年生まれ、奈良県出身。大阪市立大学商学部商学科卒業、大阪市立大学大学院経営学研究科修士課程修了、京都大学大学院医学研究科社会健康医学系専攻（医療経済学分野）博士課程修了。京都大学特定助教を経て、2021年より横浜市立大学国際商学部准教授。京都大学大学院医学研究科社会健康医学系専攻（医療経済学分野）客員研究員、特定非営利活動法人日本医療経営機構客員研究員などを務める。著書に『データで変える病院経営』（共編、2022年、中央経済社）ほか。

西下陽子 （にしした・ようこ）

和歌山県出身、京都大学総合人間学部卒業。民間企業勤務、司法書士資格取得を経て、2009年弁護士登録。法テラス常勤弁護士として勤務後、2019年より京都市内の弁護士事務所で勤務。2022年4月より京都大学大学院医学研究科社会健康医学系専攻医療経済学分野在学中。

山田文 （やまだ・あや）

大阪府出身。1990年東北大学法学部卒業。同助手、岡山大学法学部助教授を経て、京都大学大学院法学研究科教授。現在、仲裁ADR法学会理事長、一般財団法人日本ADR協会代表理事等を兼務。著書に『ADR仲裁法〔第2版〕』（共著、2014年、日本評論社）、『子の引渡手続の理論と実務』（共著、2022年、有斐閣）ほか。

佐々木一郎（ささき・いちろう）

山口大学経済学部卒業。神戸大学大学院経営学研究科博士課程修了。博士（経営学）。京都大学大学院医学研究科社会健康医学系専攻博士後期課程修了。博士（社会健康医学）。同志社大学商学部准教授等を経て、同志社大学商学部教授。慶應義塾大学経済学部訪問教授、京都大学大学院医学研究科医療経済学分野客員研究員を務める。著書に『幸福感と年金制度』（単著、2022年、中央経済社）、『年金未納問題と年金教育』（単著、2012年、日本評論社）。

國澤進（くにさわ・すすむ）

山口県出身。京都大学医学部医学科卒業、京都大学大学院医学研究科博士課程修了。医師、立命館大学生命科学部生命医科学科助教、京都大学大学院医学研究科医療経済学分野講師を経て、同分野准教授。

後藤悦（ごとう・えつ）

民間企業でSE等を経験の後、大阪大学経済学部卒業、大阪大学大学院経済学研究科修了、京都大学大学院医学研究科社会健康学医学系専攻修了（MPH）、京都大学大学院医学研究科社会健康学医学系専攻博士後期課程修了（社会健康医学博士）。現在、京都大学大学院医学研究科医療経済学分野にて特定助教。

佐々木典子（ささき・のりこ）

兵庫県出身。京都大学文学部卒業、信州大学医学部卒業、京都大学大学院医学研究科博士後期課程修了。循環器専門医。国立循環器病研究センター、国立病院機構大阪医療センター勤務を経て、京都大学大学院医学研究科医療経済学分野特定助教・特定講師、2018年より特定准教授。（公財）日本医療機能評価機構診療ガイドライン活用促進部会委員などを務める。著書に『NEW 予防医学・公衆衛生学改訂第4版』（共著、2018年、南江堂）、『Handbook of Health Services Research』（共著、2015年、Springer）ほか。

村上玄樹（むらかみ・げんき）

1979年生まれ、神奈川県出身。早稲田大学理工学部卒業、早稲田大学大学院理工学研究科修士課程修了、京都大学大学院医学研究科博士後期課程修了。広島大学医学部助教を経て、産業医科大学病院医療情報部講師・副部長。著書に『病院の教科書 知っておきたい組織と機能』（共著、2010年、医学書院）。

林田賢史 (はやしだ・けんし)

1973年生まれ、長崎県出身。東京大学医学部保健学科卒業、東京大学大学院医学系研究科修士課程修了、京都大学大学院医学研究科博士後期課程修了。看護師、一般企業、広島大学助手、京都大学助教・講師を経て、産業医科大学へ。産業医科大学では大学病院医療情報部副部長、産業保健学部教授を経て、大学病院医療情報部長。著書に『医療の可視化から始める看護マネジメント：ナースに必要な問題解決思考と病院データ分析力』（共著、2018年、南山堂）ほか。

中村桂子 (なかむら・けいこ)

1960年生まれ、東京都出身。東京医科歯科大学医学部卒業、東京大学大学院医学系研究科修了。医師、社会医学系専門医、医学博士、英国 Faculty of Public Health フェロー。東京医科歯科大学講師、准教授を経て、2016年より同大学教授。WHO 健康都市・都市政策研究協力センター所長、国際学術会議・都市保健ウェルビーイング科学委員会委員、NPO 法人健康都市推進会議理事長を務める。『Overcoming Environmental Risks to Achieve Sustainable Development Goals（持続可能な開発目標を達成するための環境リスクの克服）』（共著、2021年、Springer）ほか。

谷口守 (たにぐち・まもる)

1961年生まれ、神戸市出身。京都大学工学部卒業、京都大学大学院工学研究科博士後期課程単位取得退学。京都大学工学部助手、カリフォルニア大学客員研究員、ノルウェー王立都市地域研究所在外研究員、岡山大学環境理工学部助教授、教授等を経て、2009年より筑波大学システム情報系社会工学域教授。IFHP（国際住宅・都市計画連合）元日本代表理事、社会資本整備審議会都市計画・歴史的風土分科会分科会長、公益社団法人日本交通計画協会代表理事などを務める。著書に『入門都市計画』（単著、2014年、森北出版）、『世界のコンパクトシティ』（編著、2019年、学芸出版社）、『生き物から学ぶまちづくり』（単著、2018年、コロナ社）ほか。

広井良典 (ひろい・よしのり)

1961年生まれ。岡山県出身。東京大学教養学部卒業、同大学院修士課程修了後、厚生省勤務、千葉大学教授等をへて2016年より京都大学教授。この間、マサチューセッツ工科大学客員研究員（2001-02年）。内閣府・幸福度に関する研究会委員、国土審議会専門委員、中央環境審議会専門委員などを務める。著書に『コミュニティを問いなおす』（2009年、筑摩書房）、『ポスト資本主義』（2015年、岩波書店）、『人口減少社会のデザイン』（2019年、東洋経済新報社）ほか。

認知症にやさしい健康まちづくりガイドブック
地域共生社会に向けた 15 の視点

2023 年 3 月 31 日　第 1 版第 1 刷発行

編著者	今中雄一
著者	武地一・山田裕子・中部貴央・愼重虎・原広司 西下陽子・山田文・佐々木一郎・國澤進・後藤悦 佐々木典子・村上玄樹・林田賢史・中村桂子 谷口守・広井良典
発行者	井口夏実
発行所	株式会社 学芸出版社 京都市下京区木津屋橋通西洞院東入 電話 075-343-0811　〒 600-8216 http://www.gakugei-pub.jp/ info@gakugei-pub.jp
編集担当	松本優真
DTP	梁川智子
装丁	中川未子（紙とえんぴつ舎）
印刷・製本	モリモト印刷

超高齢社会のまちづくり
──地域包括ケアと自己実現の居場所づくり

後藤純 著

A5判・192頁・本体2300円＋税

人生100年時代、そこそこのお金をもち、元気か、簡単な支援で自律できる高齢者が9割を占める。彼らの居場所は施設ではなくまちだ。不安を解消し、生活を楽しめるように支えるまちづくりが進めば、高齢社会＝負担増という図式が変わる。出かけやすく、自身の居場所がつくれ、自己実現ができるまちは、日本が切り拓く世界の未来だ。

社会的処方
──孤立という病を地域のつながりで治す方法

西智弘 編著

四六判・224頁・本体2000円＋税

認知症・鬱病・運動不足による各種疾患…。医療をめぐるさまざまな問題の最上流には近年深まる「社会的孤立」がある。従来の医療の枠組みでは対処が難しい問題に対し、薬ではなく「地域での人のつながり」を処方する「社会的処方」。制度として導入したイギリスの事例と、日本各地で始まったしくみづくりの取り組みを紹介。

福祉と住宅をつなぐ
──課題先進都市・大牟田市職員の実践

牧嶋誠吾 著

四六判・224頁・本体2000円＋税

超高齢化・人口減少・生活困窮にどう立ち向かうか。著者は建築のバリアフリー化、市営住宅の福祉拠点への再編、居宅介護サービスの推進、市営住宅や空き家を活かした居住支援を、住宅と福祉部局をつないで切り拓いた。課題先進都市・大牟田の鍵はここにある。その実践から自治体職員だからこそできる地方再生が見えてくる。

福祉転用による建築・地域のリノベーション
──成功事例で読みとく企画・設計・運営

森一彦・加藤悠介・松原茂樹 他編著

A4判・152頁・本体3500円＋税

空き家・空きビル活用の際、法規・制度・経営の壁をいかに乗り越えたか。建築設計の知恵と工夫を示し、設計事務所の仕事を広げる本。企画・設計から運営まで10ステップに整理。実践事例から成功の鍵を読み解く。更に技術・制度、地域との関わりをまとめ、海外での考え方も紹介。「福祉転用を始める人への10のアドバイス」を示す。

世界のコンパクトシティ
──都市を賢く縮退するしくみと効果

谷口守 編著

四六判・252頁・本体2700円＋税

世界で最も住みやすい都市に選ばれ続けるアムステルダム、コペンハーゲン、ベルリン、ストラスブール、ポートランド、トロント、メルボルン。7都市が実践する広域連携、公共交通整備、用途混合、拠点集約等、都市をコンパクトにするしくみと、エリア価値を高め経済発展を促す効果を解説。日本へのヒント、現地資料も充実。

建築・都市・デザインの今がわかる。

学芸出版社の
ウェブメディア

まち座

国内外ニュース
イベント情報
書籍試し読み
レクチャー動画
ブックガイド
連載・寄稿